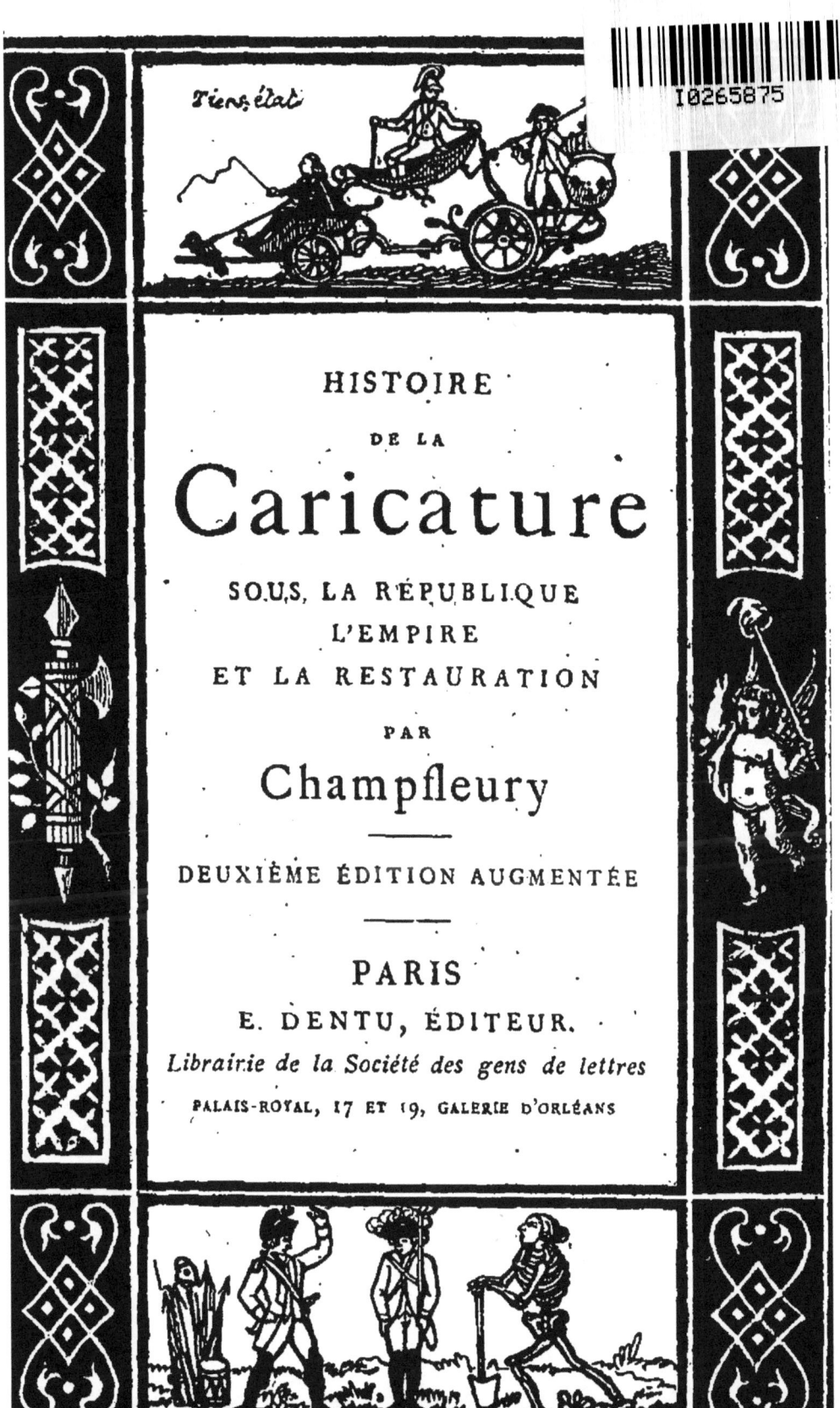

Droits de traduction et de reproduction réservés.

HISTOIRE

DE LA

CARICATURE

SOUS LA RÉPUBLIQUE
L'EMPIRE
ET LA RESTAURATION

LA CARICATURE SOUS LA RÉVOLUTION

CHAPITRE PREMIER.

LE TIERS ÉTAT AVANT 1789.

D'anciens tableaux représentent des hommes à genoux qui semblent demander justice au souverain ; sur le fond fleurdelisé de la tapisserie se détachent en gros caractères : *Si veut le roi, si veut la loi,* paroles qui laissent peu d'espoir aux suppliants.

Agenouillés à côté des membres du haut clergé et des gentilshommes debout, ces gens *en pénitence* sont la symbolisation du Tiers qui, avec la Noblesse et l'Église, faisait partie des états généraux, mais en quelle qualité ? En mineur pour ainsi dire, les paroles et les actes du Tiers étant réglementés par des ordonnances qui le réduisaient au rôle de cadet sans initiative des deux autres ordres, eux-mêmes appelés à regret par la royauté pour discuter les lois sur les impôts.

Seuls les états généraux étaient autorisés à donner leur avis sur ce sujet : pourtant, en cinq siècles, de 1302 à 1789, la royauté ne les convoqua que dix-huit fois, c'est-à-dire une fois tous les vingt-cinq ans.

Étienne Pasquier, constatant ce manque d'action des états généraux, compare leur tenue à une « belle tapisserie servant seulement de parade. » Aussi les demandes du tiers-état, « gent corvéable et taillable à merci et miséricorde, » sont le plus souvent des prières.

En 1576, le Tiers suppliait le roi de n'employer « que les plus doux et gracieux moyens, et paix et sans guerre. »

Les rois se souciaient bien des doléances du Tiers.

Peut-être les états généraux eussent-ils été plus forts dans leurs remontrances vis-à-vis de la royauté ; mais les ordres se jalousaient entre eux et se ravalaient de telle sorte que l'épée déchirait quelquefois la robe du clergé et des parlements.

En 1614, le lieutenant civil de Mesmes, député du Tiers, ayant dit que les trois ordres étaient frères et que le cadet était le tiers état, le baron de Sennecy répondit que le tiers état ne pouvait s'arroger le nom de frère, n'étant *ni du même sang, ni de la même vertu.*

Un état de choses si fâcheux pour la classe moyenne dura longtemps, jusqu'à ce que le peuple fît entendre sa plainte; elle était contre-signée par les esprits qui pensent, appuyée par les natures généreuses, et ses porte-voix étaient non-seulement des philosophes, mais des nobles, des membres du parlement et du haut clergé.

Lui-même, le ministre de Calonne, invite les poëtes à « chanter » l'Assemblée des notables et la révolution qui se prépare.

Le duc de la Rochefoucauld ayant fait un recensement sinistre des mainmortables existant en 1789, qu'il évalue à *quinze cent mille,* après lui, l'abbé Clerjot publie la même année, à Besançon : *le Cri de la raison, ou examen approfondi des us et coutumes qui tiennent dans la servitude mainmortable quinze cent mille sujets du roi.*

« La nature a fait les hommes égaux, » disaient depuis longtemps les philosophes.

Les gentilshommes de Senlis pensent comme les philosophes : « Le rochet, disent-ils, le manteau ducal, la croix, l'habit de simple laboureur ne couvrent plus qu'une espèce d'hommes. »

Les premières années de la Révolution roulent sur ce principe philosophique, rendu plus palpable encore par un sarcasme de Chamfort : « La plupart des nobles, disait-il, rappellent leurs ancêtres comme un *cicerone* d'Italie rappelle Cicéron. »

Il ne faut cependant pas oublier que le premier arbre de la Liberté fut planté à Franconville, en 1782, par le comte d'Albon, en commémoration de la révolution américaine.

La cour des aides, dans ses remontrances de 1775, le parlement de Franche-Comté en 1781 démontrent que le vœu unanime de la nation est de faire entendre ses plaintes et de coopérer, comme autrefois, au rétablissement de l'équilibre dans les finances de l'État, ainsi qu'à la réforme de l'impôt, d'où doivent découler toutes autres réformes.

Ce mot de *réforme* a toujours été grave ! Aussi quelques personnages sentirent le danger de tels vœux. Lorsque les notables furent convoqués sous Louis XVI, le vicomte de Ségur s'écria : « Le roi donne sa démission. »

Louis XV avait légué à son successeur un trône sur lequel, à cette heure, personne ne pouvait s'asseoir avec certitude.

Pour bien se rendre compte des secousses imprimées à la vieille machine, il faut entendre les

menaces à propos des états généraux que certains ministres se refusaient à convoquer.

« Si vous ne les voulez plus à pied, ils viendront à cheval, » écrit Mirabeau aux approches de 1789.

Dans cette famille, père et fils jugeaient également bien, à leur point de vue, de la situation de la dynastie, et quel que soit le ton de leurs prédictions, royalistes ou révolutionnaires, en faveur des idées nouvelles ou anciennes, il est souvent juste : « Ah ! madame, écrit le père de Mirabeau à une femme noble de ses amies, le colin-maillard poussé trop loin finira par la culbute générale. » La noblesse, on le voit par l'exemple des Mirabeau, était fortement divisée. De même les notables.

Dans la séance de l'assemblée des notables du 22 février 1787, le contrôleur général des finances fait savoir aux intéressés que les vues qu'il leur expose sont « devenues entièrement personnelles au roi ; » toutefois, si un nouveau projet était soumis, les états n'en pourraient critiquer le fond. Point de droits à exercer, point de conditions à dicter ; l'approbation seule est permise. Ce qui faisait dire à l'évêque de Narbonne qu'on prenait les notables pour « des moutons et des bêtes rassemblés afin d'avoir leur sanction à une besogne toute digérée. »

La même année, le parlement se révolte : assemblé en 1787, il objecte qu'il n'a jamais été chargé par les peuples de les remplacer, et il se refuse à garantir l'exécution des nouvelles lois de finance, en émettant le vœu de voir la nation assemblée afin que les impôts nouveaux soient portés à sa connaissance. Pour conclure, le parlement en appelle aux états généraux; « seuls capables de sonder les plaies de l'État. »

A ces magistrats assez audacieux pour dévoiler les plaies de l'État, le ministère répond par un ordre d'exil à Troyes; mais la cour des comptes, les parlements et tribunaux de province protestent contre un tel arbitraire : tous concluent à la convocation des états généraux.

Il est trop tard pour s'opposer à l'avalanche; eux-mêmes les partisans de la royauté le sentent. Que répondre d'ailleurs aux paroles si pleines de dignité du Tiers irrité?

« Des droits, écrivent au roi en 1788 les citoyens des trois ordres de Grenoble, appartiennent à vos sujets; ils sont le principe et le lien de leurs devoirs. Si le pouvoir de faire de nouvelles lois allait jusqu'à leur ravir ces droits, il en résulterait que vous seriez le maître de leurs vies, de leurs personnes et de leurs biens, et que la Providence, qui est si juste, aurait tout créé pour un seul... Assemblez les ordres de la nation, et tous les sacrifices

GÉNÉROSITÉ REVUE ET CORRIGÉE DE L'ASSEMBLÉE CONSTITUANTE.

nous seront possibles... Garantissez-nous enfin de la plus cruelle des peines, celle de refuser notre obéissance à ce qui nous est présenté sous votre nom ; accordez-nous le plus grand des bienfaits, celui de pouvoir toujours vous aimer. »

La plainte se termine ainsi : « Le roi n'a plus rien à attendre ni du Dauphiné, ni du reste de la France, s'il refuse d'assembler les états généraux du royaume. »

Dans tous le pays ces cris éclatent graves comme le son du canon. Il semble que le peuple tout entier soit attelé au même levier pour exhausser la royauté, non pour la renverser. On n'y songe pas encore. Et cependant les archives montrent aujourd'hui les engins formidables dont disposait la Révolution, quels alliés de toute sorte et de toute condition, gens de robe et gens d'épée, prêtaient leurs bras à ces terribles machines, quelles diverses voix commandaient et quels héritiers (orateurs, hommes politiques, généraux) devaient recueillir les instructions de ce peuple si longtemps courbé. Car tous les hommes en vue quelques années plus tard sortirent du peuple qui ne se plaignait pas à tort, tant de natures d'élite étant condamnées à l'obscurité sans la Révolution.

Il faut encore citer quelques vœux, qu'aucun commentaire ne saurait remplacer.

« Il est, disait le rédacteur des cahiers de Toul, une monnaie idéale, mais puissante, bien précieuse et bien chère dans un royaume comme la France : c'est le trésor de l'honneur, trésor inépuisable, si l'on sait y puiser avec sagesse. Les états généraux rendront au peuple et à la postérité un service signalé, s'ils trouvent le moyen de refrapper cette monnaie nationale. »

Dans le Jura, les citoyens parlent avec la voix mâle des gens de montagnes : « Si nous sommes des hommes, les lois diverses nous protégent comme eux. »

Ailleurs, c'est un paysan qui s'écrie : « Qu'il soit permis aux Français d'arracher leurs herbes dans leurs champs en tout temps. »

A Saint-Sever, le Tiers conclut : « Que la presse soit libre ! »

A Rennes : « Que la féodalité soit abolie ! »

Les habitants du haut Jura terminent ainsi l'exposé de leurs griefs : « Enfin, c'est justice que nous demandons. »

Il est des plaintes touchantes empreintes d'éloquence : « O justice éternelle, nous implorons ton assistance ! » Tel est le vœu des gens de Cussac.

« Ah ! bon Dieu, s'écrient les habitants des Vosges, que n'est-il donné à de misérables paysans de peindre leurs maux à Votre Majesté ? C'est alors qu'elle serait émue !... Elle a permis de tout dire et peut se flatter que *bientôt toutes choses seront révélées à ses yeux.* »

« Il n'y a point de liberté, de prospérité et de bonheur là où les terres sont serves, » s'écrient les gens de Rennes.

« Toute féodalité doit être abolie, » disent les gens de Rouët, qui demandent que les noms de vassal et de seigneur, entre les sujets du roi, soient à jamais proscrits dans les actes tant judiciaires que extrajudiciaires.

« Que tous les Français soient nobles, » demande-t-on à Callian, en Provence.

C'est un des meilleurs traits contre l'aristocratie.

Dans ces diverses provinces, le clergé, la noblesse et le Tiers s'unirent contre le despotisme ministériel pour la réclamation des droits de la nation.

Ce fut d'abord une lutte entre le pays et le gouvernement, lutte dans laquelle triomphèrent les trois ordres réunis et qui, plus tard, fatalement, se continua entre eux. L'harmonie pouvait-elle exister entre les privilégiés et les non-privilégiés, les associations corporatives, provinciales, municipales et le peuple qui souffrait tant de misères !

On a trouvé dernièrement dans les archives de Laon le cahier des gens du village de Chaillevoix, présenté aux électeurs du bailliage. Un tel document montre le sort des paysans à cette époque:

« La nourriture ordinaire est du pain trempé dans de l'eau salée, que ce n'est pas la peine de dire qu'on y met du beurre; pour de la chair, on en mange le jour du mardi gras, le jour des Pâques et le jour de la fête du patron. Lorsqu'on va au pressoir pour le maître et lorsqu'on va aux noces, on peut aussi manger quelquefois des fèves et des haricots, lorsque le maître n'empêche pas d'en mettre dans ses vignes. Les frais du Roy en tailles, capitations, se montent à six livres non compris les frais de corvée pour celui qui n'a absolument rien, il faut qu'il paie une livre de sel quatorze à quinze sols selon le nombre d'enfants. Il en faudra en un une livre chaque semaine, en autre une livre par quinzaine, en un plus, en autre moins : ce prix énorme est cause que plusieurs ne peuvent pas même manger ce qu'on appelle de la soupe; que si par malheur le mari ou la femme et quelquefois l'un et l'autre ont contracté l'habitude d'user du tabac, ce n'est qu'en se refusant le pain et en refusant aux enfants qu'on peut en avoir une once de temps en temps. Un pauvre vigneron vient-il malade, si il appelle un chirurgien, ce chirurgien pour un voyage, une petite saignée, une méchante médecine, lui demandera plus qu'il (le paysan) ne gagne dans deux semaines.

D'après une image en couleur.

Une sentence pour le moindre objet possible le ruinera de fond en comble ; c'est le plus grand fléau que celui de la justice. S'il dépouille une pièce de vin, il ne lui est permis d'en vendre une bouteille en détail, et il faut qu'il meure de faim en attendant qu'il trouve à vendre en gros et alors il faut donner sept ou huit francs à la ferme. Voilà comme le petit peuple est heureux sous le meilleur des Roys, au milieu d'une nation qu'on vante comme la plus généreuse des nations, dans un siècle où on ne parle que d'humanité ou de bienfaisance. Et cependant c'est ce petit peuple qui est la portion la plus précieuse de la nation, puisque c'est elle qui travaille le plus. Le sort des gens de travail est à peu près le même partout : ils ont à peine du pain à manger, de l'eau à boire, de la paille pour coucher et un réduit pour se loger ; leur état est pire que celui des sauvages de l'Amérique. Si les Roys savaient ce que valent trois sols et ce qu'il y a de millions d'habitants dans son royaume qui, en travaillant depuis le matin jusqu'au soir, n'ont pas trois sols pour vivre! car enfin cela est évident d'après les calculs qu'on vient de faire. Telles sont les doléances des habitants de Chaillevoix. Dieu veuille qu'elles touchent les entrailles de Sa Majesté et des états généraux qui vont être assemblés pour opérer la régénération de la France. »

Il faut voir l'écriture de cette plainte et l'orthographe aussi lamentables que la plainte elle-même. Il fallait que la Révolution fût. Cette Révolution inspirait des craintes. Qu'arrivera-t-il? que deviendrons-nous? prendra-t-on notre fortune?

A ceci Paris répond par la plume de celui qui a rédigé le *Cahier des pauvres* : « Il n'y a jamais eu et il n'y aura jamais que deux classes réellement distinctes de citoyens, les propriétaires et les non-propriétaires, dont les premiers ont tout et les autres n'ont rien... Il ne s'agit pas de prendre la bourse des riches, mais de faire en sorte que les riches n'aient pas le pouvoir d'être injustes et inhumains envers les hommes laborieux et utiles... Les intérêts des pauvres et des riches sont communs et inséparables; point de salut à espérer dans un ordre de choses où les institutions continueraient d'être une violation ouverte du devoir national envers la partie la plus nombreuse et la plus laborieuse de la nation [1]. »

Une des formes particulières de ces plaintes qui se groupèrent en un ensemble si puissant vers 1789, est un emprunt aux formules religieuses. C'était un usage employé depuis longtemps par les auteurs profanes, qui espéraient, grâce à l'étiquette, amener à eux la clientèle des gens pieux.

---

[1] Voir, pour plus de détails, le curieux livre de M. L. CHASSIN, *le Génie de la Révolution*, 2 vol. in-12. Libr. Internat.

Des centaines de brochures, pour piquer la curiosité du peuple, empruntent les dénominations favorites de l'Église. Les libraires d'alors vendent des *Cathéchismes patriotiques du tiers état, de la noblesse, du clergé, à l'usage des vrais fidèles;* des *Prières civiques à l'usage de tous les ordres, pour les aristocrates agonisants;* la *Nouvelle Épiphanie, ou la liberté adorée des Mages;* la *Semaine Sainte, ou les Lamentations du tiers état;* la *Passion, la Mort et la Résurrection du peuple;* l'Alleluia *du Tiers;* le *Grand-Jubilé national;* l'Ave, le Credo, les *Actes de foi du Tiers;* le Gloria in excelsis *du peuple.*

L'*Évangile du jour* débute ainsi : « En ce temps-là vivaient, dans une contrée appelée la France, vingt-trois millions d'hommes plongés dans l'avilissement, l'inertie et la détresse, etc. »

Un autre *Évangile du Tiers* se termine ainsi : « *Per evangelica dicta, deleantur carnifices, magistratus et nobilitas. Amen.* »

Ce ne sont pas des parodies religieuses que ces formules latines ou françaises, et elles n'offrent rien de commun avec la fameuse *Fête de l'âne*. On ne rit guère en ce moment : l'auteur du *Génie de la Révolution* en a fait la juste remarque :

« A la veille de la Révolution, comme à l'époque de la Fronde, paraît une foule de satires, de facéties, de comédies burlesques en prose et en vers, et la caricature prête son utile concours à la propagation des idées et des haines. Cependant il me semble que le *rire* a joué, en 1789, un rôle moins considérable que précédemment et depuis.

« Le siècle de Voltaire, après avoir ébranlé la vieille société au moyen du ridicule, devient très-grave quand l'heure est arrivée de fonder la société nouvelle. Mirabeau, Sieyès, Condorcet, Mounier, Barnave, Servan, Cerutti, Target, Rœderer, Lanjuinais, Volney, Bergasse, Rabaut Saint-Étienne, ne sont pas des rieurs... La raison est la faculté qui domine chez les publicistes et les agitateurs de la première période de la Révolution. Leur arme favorite devait donc être la froide, la pénétrante logique et jamais elle n'a été maniée avec plus d'audace et d'adresse que par eux. »

Toutefois, il faut remarquer que si ces philosophes, ces économistes, ces réformateurs, ces journalistes, devinrent de graves législateurs (à l'exception de l'humoriste Desmoulins), le peuple voulut que ses yeux fussent récréés par la caricature; aussi, est-ce à partir de 1789 que s'en développa la puissance.

Caricature particulière que celle de la Révolution. Elle touche de très-près au symbolisme; ce n'en est pas moins de la caricature : et quoique son masque prenne diverses expressions pendant la période révolutionnaire, que de menaçantes grimaces en troublent les lignes, il appartient, malgré sa physionomie grave et rancuneuse, au musée de la parodie.

Portraits des Impartiaux, des Modérés, des Modérateurs, autrefois des Aristocrates.
(D'après *les Révolutions de France et de Brabant*.)

Le caractère le plus curieux des symbolisateurs satiriques de 1789 fut l'extrême variété qu'ils tirèrent du même motif.

Le thème, il est vrai, était excellent. Le peuple se plaignait d'être opprimé depuis l'origine de la monarchie : maintes fois on lui fit espérer un meilleur sort, et il continuait d'être sacrifié à la noblesse et au clergé. A la place du Christ crucifié entre les deux larrons, qu'on mette le peuple, on aura le thème favori des caricaturistes d'alors.

Comme d'habiles compositeurs qui retournent une phrase mélodique en tous sens et y trouvent d'intéressantes variations, les dessinateurs de 1789 étudient le thème des états généraux sous toutes ses faces, et l'agrémentent de combinaisons ingénieuses.

D'après une gravure à la manière noire.

Prêtre, noble, laboureur, répondent si vivement aux préoccupations de la foule, qui lit en épelant avec les yeux, que devant ces types elle se dit : — Voyons dans quelle situation nouvelle l'image a placé mes comédiens! Qu'a-t-on fait dire au prêtre? Quelles paroles a-t-on mises dans la bouche du noble? Surtout la foule s'inquiète si le Tiers, son acteur préféré, a le beau rôle. Sans plus tarder, il faut entrer dans la salle où va se jouer la comédie entre les trois ordres.

CHAPITRE II.

LE TIERS.

1787-1789.

Au début, ce sont les souffrances du Tiers, son espoir d'être soulagé, sa satisfaction de voir l'union et l'accord des trois ordres. Les défiances viennent ensuite, traduites par le dessinateur, puis les désirs d'arriver au roi ; plus tard sont représentés les dominateurs renversés, leur chute, leur ruine, leurs convois. Enfin, le Tiers se montre menaçant avec sa terrible lanterne.

Ce mouvement de la gravure au commencement de 1789 plus particulièrement, doit être étudié en détail.

Le combat des trois ordres ne laissa pas d'abord entrevoir les conséquences sérieuses qui devaient en résulter. On en riait partout. Un cabaretier s'en servit pour attirer le public. On alla voir l'*Enseigne des Trois Obstinés*, qui d'ailleurs n'avait rien de piquant et rendait faiblement, par ses figures de singe, de chat et de loup, la comédie des prétentions respectives. Le seul côté curieux est une parenté lointaine avec le *Roman de Renart*, la personnification du clergé par le chat, du Tiers par le singe, et de la noblesse par le loup.

Une caricature montra un chat avec un rabat, assis entre les attributs aristocratiques et ceux du Tiers, le coq posé sur une charrue. Ce chat disait à ceux qui le regardaient : « *J'attends l'événement pour me décider.* » Au bas de la gravure (voy. p. 22) est écrit : « *Dédiée à ceux qui se servent de la patte du chat pour tirer les marrons du feu*[1]. »

Ces images, tout d'abord, ne furent pas d'une excessive hostilité. Le peuple espérait entraîner le clergé à se rallier au Tiers par de familières et douces invitations. C'est ainsi qu'un paysan tend la main à un prêtre devant un noble en lui disant : « *Touchez là, monsieur le curé; je savais bien que vous seriez des nôtres.* » Ailleurs, un prêtre qui a franchi un ruisseau appelle le noble resté sur l'autre bord : « *Allons, monsieur le marquis, suivez mon exemple; faut franchir le torrent.* »

Mais le Tiers se lassa lorsqu'il s'aperçut que la situation se prolongeait et que les deux premiers ordres ne se rendaient ni aux adjurations, ni aux

---

1. Toutes les citations en *italiques* sont les légendes exactes des gravures symboliques ou satiriques.

JEU DE QUILLES.

Je pars, monsieur l'abbé; j'ai manqué mon coup.
— Pour moi je ne le manque pas.

(D'après une estampe en couleur.)

encouragements, ni à des conseils dans lesquels perçait pourtant la bonhomie. « *Ça ne durera pas toujours. Il faut espérer que ce jeu-là finira bientôt;* » devint le cri général.

Par là, le Tiers faisait comprendre que depuis trop longtemps le laboureur portait sur son dos le noble et le prêtre se prélassant tranquillement, lui peuple obligé de travailler avec cette lourde charge sur les reins. Et tandis que le pauvre homme est ainsi accablé de son fardeau et s'éclaire avec une lanterne, les lièvres seigneuriaux mangent ses choux; les chiens et les singes, symbole de la valetaille de la noblesse, le houspillent[1].

Le tiers état ayant juré au Jeu de Paume qu'il constituerait un gouvernement à la France, cette résolution vigoureuse força le roi et les deux autres ordres à céder. Le clergé s'exécuta le premier.

L'allégresse éclata partout. Le moment était venu de s'entendre. Que ne l'avait-on fait plus tôt? La réunion fut célébrée comme une délivrance. Partout étaient étalées des estampes de concorde, de bonheur. Le seigneur et son fermier buvant ensemble au roi et à la liberté devinrent un des motifs favoris des imagiers.

Ainsi se montre la société de ce temps comme

---

[1]. Cette image, une des plus significatives de l'époque, a été variée plusieurs fois.

un clavier expressif sur lequel un habile instrumentiste plaque des accords différents.

L'espoir, la satisfaction, l'inquiétude, le murmure, la colère, l'apaisement, les transports de joie, telle fut la gamme parcourue durant ces jours d'une vie ardente dont nous avons à peine l'idée. Chaque citoyen n'avait plus seulement l'élan de ses propres sentiments, il recevait, comme en un choc électrique, une part des sentiments de cent mille autres. De là cette force, cette exaltation dans les partis, dans les foules, dans les masses d'où sortent de grandes choses, bonnes ou mauvaises.

Le Tiers était victorieux ; chacun se sentait fier de cette victoire laborieusement et énergiquement conquise : l'égalité fut gaiement célébrée.

Ici se place un des plus spirituels motifs de la caricature révolutionnaire. L'image populaire, qui exprimait que le poids de la France pesait tout entier sur le peuple seul, fut transformée de la sorte : le cœur ou le globe symbolisé par un œuf à la coque. Le pauvre paysan continue à le soutenir pendant que le noble et le prêtre se régalent et y trempent force mouillettes. Voilà le temps passé, ce qui était il y a encore quelques jours à peine ; mais aujourd'hui le hardi et intelligent tiers état, s'étant déchargé de l'œuf, l'a planté dans un

LES TROIS ORDRES DE FRANCE, 1789.
Dette nationale. — Impôt territorial.

coquetier, et fièrement debout à côté de ses deux adversaires, il se régale à son tour et prend la plus grosse part.

« *Nous mangeons l'œuf ensemble et la poule bientôt*

Désormais doit bouillir pour nous dans chaque pot, » répètent ensemble les trois compagnons.

L'idée de Sieyès que le *Tiers est tout* avait paru juste et vraie à tous. Cette idée s'enracina et se développa. Pour le moment l'égalité suffisait; un peu plus tard on songea que la nation n'avait pas besoin d'aristocratie. L'aristocratie répondait que sans elle il n'y aurait pas de religion ni d'armée; la nation lui prouva qu'elle contenait en elle-même prêtres et soldats.

L'imagerie reprend à ce moment un thème ancien, celui des *Trois têtes dans un même bonnet*. Le bonnet est celui de la Liberté, et c'est dans l'intérieur du triangle symbolique de l'Égalité que sont réunies les trois têtes personnifiant les trois ordres.

Un paysan tient ce symbole sur ses genoux. Une inscription sur une pierre à côté de lui porte : « *Moi de tous les états l'père nourricier, j'dis qu'il faudrait que tout fût ainsi pour que tout s'arangi pour not' bon roi et ma patrie.* »

Quelques mauvais plaisants glissent parmi ces signes de joie des facéties sur l'égalité par les cornes ; mais ce thème banal où la politique n'a rien à voir n'obtint pas de succès. Jusqu'à la Restauration, la caricature relative aux infortunes domestiques fermera ses volets. Quelque forme que révèle la satire révolutionnaire, elle cache toujours une idée patriotique.

La cour n'avait pas cédé au Tiers sans une arrière-pensée de revanche. Surprise et mise en désarroi par la vigueur de ces gens de rien, de ces parleurs revêtus de noir, elle se disait que l'épée seule devait décider de si graves questions. Des troupes sont massées autour de Versailles, on fait camper quelques régiments dans Paris au champ de Mars ; la cour se croit en sûreté. Les soldats arrivent, mais ils sont du peuple. Le gain du Tiers est le leur. Les gardes-françaises fraternisent avec la population. C'est alors que le roi se décide à frapper un grand coup. M. Necker est renvoyé!

M. Necker est renvoyé! Le roi rompt avec la nation. Trois jours après la Bastille est prise.

D'après une gravure coloriée, sans légende.

CHAPITRE III.

LA PRISE DE LA BASTILLE ET LE PATRIOTE PALLOY.

Vers 1788, un cri formidable se fit entendre contre l'abus des lettres de cachet, qui partait de toutes les classes et que les bailliages ont consigné dans plus de quatre cents cahiers; et ce n'étaient ni les philosophes, ni les écrivains qui réclamaient alors le plus vivement, mais le clergé.

« Que l'on réforme les abus des lettres de cachet, » demande le clergé d'Armagnac.

Le Nord répond au Midi.

« Qu'on empêche les lettres de cachet de servir à l'injustice et à l'oppression, » s'écrie le clergé de Vitry-le-François.

Dans les cahiers du clergé parisien, on lit : « Qu'aucun citoyen ne puisse être arrêté en vertu de lettres de cachet, si ce n'est dans les cas et aux conditions qui auront été fixés et déterminés dans les états généraux. »

Il est certain que l'abus des lettres de cachet avait été si considérable, que tous : nobles, prêtres, bourgeois, en ressentirent l'odieux effet. On citait de nombreuses familles où un membre avait disparu sur la simple dénonciation et pour le « bon plaisir » d'un puissant, d'une femme bien en cour, de l'intendant d'un courtisan ou de la maîtresse de cet intendant.

« Si les lettres de cachet ne sont pas abolies, disait le tiers état de Cambrai, qu'elles soient toutes signées par le roi et contre-signées par un ministre qui en sera responsable. »

La noblesse d'Arras, de Clermont-Ferrand, de Riom ; le tiers de Rennes, Nantes, Nevers, du Bigorre ; les trois ordres de Montfort-l'Amaury émettent le vœu que les maisons de détention fussent ouvertes à l'inspection des magistrats et des autorités municipales élues par les citoyens.

A Douai, à Reims, à Orléans, à Bordeaux, il y eut ensemble de mêmes vœux : « Toutes les lettres d'exil et de capture seront sur-le-champ levées et révoquées. Les commandants, gouverneurs, concierges, geôliers des prisons, présenteront, dans le plus bref délai, un état complet et détaillé des citoyens qu'ils gardent sous les verrous. Toutes les prisons d'État, toutes les maisons de détention et de refuge, civiles et monastiques, seront visitées dans le premier mois de la réunion des états généraux, par les commissaires de l'Assemblée nationale. Immédiatement les détenus, prévenus de quelque crime ou délit de droit commun, seront remis entre les mains de leurs juges naturels ; les autres seront rendus à la liberté. »

Ce n'était rien que de demander la suppression des lettres de cachet, rien non plus que de réclamer une sévère inspection des maisons de détention. Plus hardies, les assemblées électorales de Rennes, Brest, Amiens, Riom, Toulon, demandent que les prisons d'État soient supprimées.

Les Picards réclament la destruction du château de Ham.

Le Mont Saint-Michel gêne les Normands.

Les Bretons froncent les sourcils en passant devant la prison politique qui s'appelle Château-du-Taureau.

On a vu aux fenêtres grillées du château de Saumur de pâles et maigres figures qui excitent la pitié des Angevins.

Les Languedociens sollicitent la suppression du fort de Brehan.

Les îles Sainte-Marguerite sont déclarées attentatoires à la liberté par les Provençaux.

Les Francs-Comtois ne veulent plus du fort de Joux pour frontière de leur province.

Paris maudit Saint-Lazare, Charenton, Bicêtre, Vincennes, la Bastille surtout, grosse de tant d'innocents.

La France tout entière regarde d'un œil louche cette Bastille.

De Montfort-l'Amaury et de Dreux part la première étincelle qui mettra le feu aux poudres. Les trois ordres réunis de ces deux villes s'entendent, non plus pour formuler un vœu, mais pour décréter leur volonté : « La Bastille et les autres châteaux dénommés prisons d'État seront démolis, leurs terrains vendus ou employés sur-le-champ à des objets d'utilité publique. »

L'étincelle suit le chemin de la traînée de poudre jusqu'à la mine où s'arrête la noblesse parisienne, qui, plus réservée, dit dans un cahier : « Nous supplions Sa Majesté de vouloir bien ordonner la démolition de la Bastille. »

Mais une motion bien autrement significative, qui s'échappe à Paris du district Saint-Joseph, ressemble à un commandement :

« Que la Bastille s'écroule et s'abîme! »

Telle est la volonté des gens du district Saint-Joseph.

Combien ai-je entendu d'esprits superficiels s'écrier : « Si le gouverneur avait voulu défendre la Bastille! »

En effet, à lire la plupart des historiens, il semble singulier qu'un millier d'assaillants se soit emparé, dans un si court espace de temps, d'une redoutable forteresse défendue par peu d'hommes, il est vrai, mais garnie de munitions et de canons.

Celui qui se préoccupe des incidents matériels de ce coup de main ne peut comprendre l'esprit révolutionnaire qui soutenait les assaillants. Combien ils étaient? de quelles forces ils disposèrent? Peu importe. En ce moment une poignée d'hommes suffisait.

On croit que la Bastille fut prise par le peuple le 14 juillet 1789.

La Bastille ne fut pas prise par les Parisiens, mais par la France entière. Le coup de canon qui casse les chaînes du pont-levis éclate dans les cahiers : « *Que la Bastille s'écroule et s'abîme!* » Et suivant le vœu des citoyens, la Bastille s'écroule et s'abîme.

Le véritable engin destructeur de la forteresse, c'est la plume qui a tracé ces mots.

Quelle leçon pour ceux qui, doutant des sentiments du peuple qu'ils gouvernent, entourent une capitale de nombreux corps d'armée, sillonnent les villes de routes stratégiques, élèvent des casernes à chaque coin de rue, braquent des canons sur les places publiques et s'imaginent par un tel déploiement de forces dompter les citoyens dont le cœur leur est hostile[1] !

Casernes, corps d'armée, canons, sentinelles à chaque porte ne sont pas plus redoutables que cette terrible Bastille renversée par le vœu du peuple.

« C'est la hallebarde qui mène le monde, disait un ministre de Louis XV à Quesnay. — Oui, répondit l'économiste ; mais qui mène la hallebarde ? L'opinion. »

La prise de la Bastille ne féconde pas le cerveau

des caricaturistes. Un événement si considérable devait fournir plutôt matière à des gravures patriotiques et symboliques qu'à des satires.

1. Ce chapitre parut dans une revue, sous l'Empire.

La Bastille tombe avec un fracas considérable, aux cris de tout le peuple parisien. Les citoyens courent aux cachots délivrer les victimes du pouvoir; on les porte en triomphe, en triomphe les soldats qui ont fait cause commune avec le peuple, en triomphe les hommes courageux qui, passés les premiers sur les ponts-levis de cette geôle terrible, en sont revenus sains et saufs! Il n'y a pas là matière à sarcasmes.

Que celui qui regarde l'extérieur d'une prison cellulaire telle que Mazas se demande d'où peut jaillir le comique. Il en est de même de la Bastille, de ses fossés, de ses tours, de ses donjons qui laissent un amer souvenir au penseur se rappelant combien de nobles et intelligents esprits ont gémi dans les fers.

C'étaient des murs tout d'une pièce, sans autre ornementation que les créneaux où se dressaient les canons contre les faubourgs. Pour les archéologues, il ne reste de la Bastille que d'énormes serrures rouillées et des clefs assez grosses pour abattre un bœuf.

Toutefois, dans un coin de la forteresse, j'ai découvert une gargouille grimaçante comme celles des cathédrales gothiques : aux flancs de la Bastille est accrochée une mandragore fantastique et bourgeoise, la seule peut-être sous la Révolution.

La tête ronde du gnome, plus étoffée en chair

qu'en matière cérébrale, semble celle d'une grenouille orgueilleuse voulant devenir plus grosse que le bœuf révolutionnaire. Dans leur propreté, les cadenettes de la mandragore semblent accommodées par un habile perruquier ; le jabot se joue en plis étoffés sur les revers d'un habit qui n'a pas un atome de poussière.

Pas de poussière sur les habits en face des ruines de la Bastille !

Ce personnage grotesque représente un certain Palloy, entrepreneur de démolitions, qui, à partir du renversement de la forteresse, devint le citoyen Palloy, le Palloy des fêtes civiques, le *patriote* Palloy, le Palloy-Bastille.

Qui ne se rappelle quelque arrière-salle de mairie de province où sont relégués en tas les bustes de plâtre des souverains détrônés en compagnie d'une petite Bastille faite, ainsi l'indique une inscription, avec une pierre de la prison ?

Ce souvenir fut offert, en 1789, aux municipalités de toute la France par le citoyen Palloy.

On n'en compte pas beaucoup d'entrepreneurs de démolitions qui, des débris de chaînes, de verrous et de carcans, se font des titres de gloire.

Cela fut donné à Palloy. L'homme se dit combien d'acteurs considérables allaient jouer un rôle sur le théâtre de la Révolution, et de même qu'on jette des bouquets aux comédiens, à certains hommes politiques. en vue il donna des pierres de la forteresse transformées en souvenirs monumentaux, aux autres des épées « forgées avec les chaînes de la tyrannie », à ceux-ci des brevets de civisme écrits sur l'envers de parchemins qui avaient servi d'ordres d'emprisonnement, à ceux-là des médailles de plomb tirées de la fonte des gouttières de la Bastille.

Les conventionnels reçurent en cadeau des tabatières tournées dans le bois des poutres de la forteresse, et le 21 mai 1791, le dauphin inspectant aux Tuileries le bataillon des élèves militaires dont il était colonel, un enfant s'avança qui lui offrit un jeu de dominos dont chaque pièce portait une lettre ; l'assemblage formait diverses acclamations : *Vive le Roi ! Vive la Reine ! Vive Monseigneur le Dauphin !* C'était le fils de l'entrepreneur qui avait utilisé les ossements trouvés dans les démolitions.

Aux commissaires de la garde nationale, Palloy confia une épée, forgée avec les verrous de la Bastille, pour être offerte à La Fayette. A l'Assemblée nationale, Palloy faisait encore hommage des bustes de Rousseau et de Mirabeau, toujours sculptés sur des pierres de la Bastille. Pour les médailles, on ne sait combien de creusets pouvaient suffire aux masses de plomb et de fer transformées en symboles nationaux, que le patriote entrepreneur de démolitions offrit aux sociétés populaires, aux clubs, aux électeurs, aux membres de la Convention, aux soldats et jusqu'aux huissiers de l'Assemblée [1].

On fondrait le matériel d'une batterie d'artillerie avec ces médailles, dont on retrouve encore aujourd'hui des spécimens chez les marchands de bric-à-brac.

Au public, Palloy donnait un jeu de cartes imprimé sur papier arraché des registres de la Bastille. Les rois étaient remplacés par des Sages, les dames par des Vertus, les valets par des Braves.

Palloy, ayant beaucoup inventé, s'intitula fièrement : *Monumentaire républicain*. J'ai vu des liasses de lettres adressées au *monumentaire* par de braves gens qui détruisaient les titres de noblesse de l'aristocratie pour en fabriquer à l'excentrique.

Il ne se trouva pas alors un sceptique qui se demandât quels pouvoirs officiels avait Palloy pour distribuer des récompenses civiques. S'inquiète-t-on, dans les révolutions, d'où sortent tant de patriotes si pleins d'ardeur ?

Les brevets accompagnant les médailles du « monumentaire » étaient signés : *patriote Palloy* ; les

---

[1]. « *Législateurs, ce métal provient de chaînes de notre servitude que notre serment du 20 juin 1789 a fait briser le 14 juillet suivant.* » Telle est la légende gravée sur l'envers de médailles, que Palloy ne manqua jamais de signer.

murs de Paris furent couverts de ses proclamations. L'homme remplissait les provinces de son nom. Dans les fêtes populaires, les citoyens admiraient Palloy à la tête des ouvriers, ses *apôtres*, portant des cuirasses, des chaînes des ponts-levis, des carcans des cachots, et toutes sortes de ferrailles abominablement bosselées, dans les trous desquelles étaient plantées des inscriptions annonçant que ces trophées provenaient du dehors et du dedans de la Bastille.

Cet homme eut l'instinct que la prise de la Bastille resterait le prologue du grand drame révolutionnaire, et l'histoire ne doit point négliger ce bouffon qui fait opposition aux grandes figures dressées au seuil de 1789.

Ayant acheté les démolitions de la Bastille, Palloy accommoda la prison à diverses sauces, dont quelques-unes sont restées piquantes.

En récompense de cette cuisine, la Convention décréta qu'une partie des terrains de la Bastille serait concédée gratuitement à Palloy, qui continua son commerce de petits cadeaux jusqu'en 1794. A cette époque, le conseil municipal repoussa l'offre d'une pierre de la Bastille sur laquelle pourtant était gravée la *Déclaration des droits de l'homme*.

Palloy avait usé les murs de la prison.

L'homme était insupportable avec sa Bastille,

D'après une estampe sur cuivre, portant la mention : « Fait chez Palloy. »
(Collection du vicomte de Liesville.)

dont il avait fait une *scie*. Partout on ne rencontrait que le nom de Palloy, à Paris, en province, jusque dans les camps [1].

Ayant fatigué de cadeaux, de placards, d'invitations et de réclamations les hommes au pouvoir, Palloy fut à son tour jeté en prison; malheureusement la terrible forteresse n'existait plus, car le patriote n'eût pas manqué, à sa sortie, de se faire voir en qualité de prisonnier de la Bastille [2].

Je n'ai pas dessiné ce croquis sans but.

Rien n'est plus curieux, selon moi, que de chercher d'où partent les mots d'ordre dans les grands événements. Les feuilles ne sauraient pousser sans branches, les branches sans troncs, les troncs sans racines. En feuilletant ces milliers d'estampes satiriques révolutionnaires, je m'inquiète des branches, des troncs et des racines.

Quels étaient les ouvriers mystérieux qui buri-

---

[1] Il écrivait aux chefs de troupes : « Je vous invite, citoyen commandant, lorsque vos affaires vous permettront de passer par Paris, de venir visiter mon hermitage, y accepter la soupe; vous y verrez inscrit au-dessus de ma porte, là où flotte le drapeau tricolore : *Omnibus patriotibus*. Salut et fraternité. *Palloy, patriote pour la vie.* »

[2] Palloy fut-il payé de ses efforts et de ses tribulations? Tout porte à croire que le cadeau de terrains nationaux que lui avait fait la Convention en 1792 resta en partie chimérique, car le « monumentaire » demanda justice à tous les gouvernements qui succédèrent à la république. N'eut-il pas la naïveté, *sous la Restauration*, de présenter des pétitions aux Chambres pour se faire payer des services rendus à la Révolution !

naient cette imagerie ? On le sait à peine, même avec le bel ouvrage de M. Renouvier sur *l'Art sous la Révolution*. Ces graveurs avaient conscience de la barbarie de leur touche et ne signaient point. Qui les faisait travailler? Les marchands d'estampes, dira-t-on. Pas toujours, comme le prouvent diverses feuilles volantes avec vignette en tête, et au bas cette note imprimée : « *Fait et chanté chez le citoyen Palloy.* »

Outre ses *apôtres*, le « monumentaire » avait à ses ordres des dessinateurs et des graveurs qui traduisaient ses idées, des faiseurs de couplets qui les mettaient en vers. La maison de Palloy, j'en juge par ces *canards*, fut donc un foyer d'images satiriques et symboliques.

Une que j'ai sous les yeux représente, en même temps que la « souveraineté du peuple, la destruction du clergé et de la royauté ». C'est un pot-pourri chanté chez le patriote le 2 pluviose, an VII de la république, en mémoire de « l'anniversaire de la chute du dernier roi des Français ». Le peuple, « vainqueur des tyrans », est symbolisé par un homme portant un bonnet rouge au bout d'une pique, assis sur un triangle qui écrase un pape et un roi.

Une autre image, du 2 pluviôse an VI (voir page 45), a pour titre : « Le 21 janvier, ou le serment de haine à la royauté. » Prêtres, nobles et gens de finance s'efforcent de couper l'arbre de la Liberté; le roi et la reine se reconnaissent à leurs profils adaptés à des corps d'animaux. Dans les airs apparaît la Liberté, qui, avec sa lance, défend l'arbre contre les entreprises des royalistes.

Ces estampes sont traitées avec soin, dans la manière des vignettes et des livres galants publiés avant la Révolution; d'une propreté méticuleuse, elles font penser aux habits du grotesque qui joua de la Bastille comme d'un violon, et elles expliquent certains sujets de commande dont la source est, je le crois, indiquée pour la première fois.

Portrait de Palloy, d'après une gravure du temps.

CHAPITRE IV.

LE TIERS ÉTAT (SUITE).

Pour célébrer le retour de Necker, le ministre idolâtré, on fait danser ensemble les trois ordres chantant des couplets de circonstance : *le Pas de trois, Vive la danse!*

Au début de la Révolution, le peuple danse toujours, au son du canon, autour de la lanterne. Agir est un besoin des masses. L'ivresse de l'action, quelle qu'elle soit, leur monte au cerveau : d'où les fêtes, les combats et même les crimes.

La cour semblait comprendre la nécessité de mettre un terme aux abus. Bailly, en recevant Louis XVI, avait dit : « Paris a reconquis son roi. » Aussi quelques images de cette période témoignent-elles des bons sentiments du peuple pour le monarque; mais ce qui dépopularise les idoles de la foule, ce qui abat et irrite celle-ci, c'est qu'elle croit, dans sa naïveté, que le problème va être

D'après un bois de la fabrique de Letourmy, à Orléans.
Communiqué par M: l'abbé Desnoyers.

résolu à chaque révolution et qu'elle s'aperçoit bientôt que la vie reste dure, qu'il faut travailler comme d'habitude, que le pain ne se donne jamais pour rien chez les boulangers.

Avec les idées de toute-puissance que la foule attache aux gouvernements, aux hommes qui dirigent et organisent, avec son instinct d'espérance qui fait croire au peuple que le mieux est réalisable immédiatement, il s'en prend rarement aux choses, mais aux hommes.

Le pain joua un grand rôle en 1789, le pain et la lanterne. Le peuple n'a peur que de mourir de faim. Toute autre mort lui semble en comparaison un sujet de gaieté. C'est donc à la faim que sont dus les premiers massacres qu'a commentés l'imagerie populaire.

Quelques dessinateurs tinrent une singulière comptabilité en 1789. Ils comptaient les têtes coupées, à commencer par celles de Foulon et Berthier, de Flesselles et Delaunay. De ces têtes la satire composa de hideux trophées qu'elle se plaisait à montrer aux aristocrates et aux premiers émigrés. Les colères étaient grandes, les souvenirs amers, les représailles sanglantes !

Tout ce qui paraissait coupable était puni ; l'image du châtiment restait en permanence.

Et comme opposition à ces sanglants spectacles,

les traits de bienfaisance, de dévouement sont publiés, gravés à de nombreux exemplaires, pour être maintenus sous les yeux du public.

Le 4 août, bien peu de jours après la prise de la Bastille, eut lieu l'abandon des priviléges, titres, etc.

Cette fois le triomphe du tiers état, l'égalité, l'accord des trois ordres semblèrent décidés.

Il y eut une explosion, un feu d'artifice de symboles et de caricatures, le peuple ne pouvant contenir son ravissement de voir le clergé et la noblesse dépouillés. Il entrait, en effet, plus de malignité que de reconnaissance dans ce mouvement. On sentait bien que nobles et prêtres n'en étaient pas venus là de bon gré. Cependant tous les sentiments se croisent dans les innombrables images que fit éclore l'événement. Tantôt les trois ordres s'embrassent dans une seule étreinte à demi comique : c'est la *Réunion des trois ordres;* souvent ils font de la musique ensemble et les légendes jouent sur les mots *harmonie, concert, accord.* Les sceptiques, ceux qui voient plus loin, les font danser avec entrain, mais avec un doute : *Ça durera-t-il, ça ne durera-t-il pas?* Ou bien s'ils dansent, le seigneur et l'abbé se disent piteusement qu'ils payeront le violon dont joue leur joyeux triomphateur. Ailleurs on les voit au café et le Tiers s'écrie : *A la bonne heure, chacun son écot.*

C'est encore à M. Necker qu'est attribué ce résultat, que par allusion aux finances on appelle *la Nouvelle Taille*. Le tiers état, qu'on a si longtemps écorché qu'il est nu et n'a plus de chair, tient tout debout sous la toise faite à sa taille ; mais le clergé et la noblesse, si grands auparavant et surmontés de leurs grands chapeaux, sont forcés de s'agenouiller. Or tout ce qui dépasse doit être rogné ; deux hommes, l'un avec une scie, l'autre avec un panier, vont couper et emporter ce que les deux ordres ont de trop, c'est-à-dire les jambes. Caché derrière un rideau, M. Necker dirige mystérieusement l'opération.

Cette caricature en suscite une seconde, *le Niveau national*; le Tiers est à la juste hauteur du niveau, mais les nobles sont contraints à baisser la tête. Quant au clergé, trop gras, le caricaturiste l'a mis sous presse, pour réduire sa corpulence gonflée de prébendes. (Voy. p. 59.)

D'autres s'écrient : *A bas les impôts !* qu'ils considèrent comme une hydre dont les têtes renaissent sans cesse.

« *Seigneur*, disent les paysans, *délivrez-nous des octrois, des gardes-chasse, des suppôts de la chicane, des milices !* » Ces cris populaires, perdus dans la masse des autres, attestent que toutes les gênes ne disparaîtront pas. On voit ici apparaître les causes de la perte de la popularité de M. Necker : les difficultés financières.

Toutefois, à ces cris répondent les comparaisons du *Temps passé* et du *Temps présent. Autrefois les plus utiles portaient la charge et étaient foulés aux pieds. Aujourd'hui tout le monde partage le fardeau.*

Le Modéré ou *l'Avocat du peuple* démontre avec sa balance que les emblèmes du Tiers font équilibre aux autres.

Ceux qui se réjouissent, qui voient l'avenir en beau et s'égayent sur la mine piteuse des ordres aristocratiques; ceux qui pressentent la grandeur du Tiers, sont les plus nombreux. Les imagiers commentent et résument d'une manière frappante l'idée de la suprématie du Tiers, qui domine les esprits, depuis la brochure de Sieyès.

Un seul fait les Trois! C'est le Tiers qui porte à la fois le costume de la noblesse, du clergé et le sien. Image qui sera constamment reproduite et variée. La nation n'a pas besoin, elle s'en aperçoit, de l'appui ni des services de ses anciens maîtres. Cela est significatif. La grande conquête de la Révolution est faite et définitive, le monde nouveau est formé. Loi, armée, religion, ne sont plus forcément le lot de castes spéciales. Le tiers état est tout, *voilà le mot.*

Qui empêchera le paysan vaillant de prendre au

noble son habit d'officier et de le porter glorieusement? Les soldats du Tiers deviendront maréchaux un jour. Le peuple pressent son avenir. Est-ce le prêtre se mordant les doigts qui a le pouvoir

de s'opposer à sa réalisation? Non, le paysan revêt l'habit et laisse le noble en manches de chemise. Et c'est avec un ton goguenard, quoique soumis encore, que celui qui tout à l'heure était sans vêtement s'écrie : « *Ma feinte, monsieur, je crois que votre habit d'officier m'irait bien.* »

Parfois même, le personnage chargé de représenter le Tiers est, comme M. Jourdain, plein de gloriole et faisant de la prose sans le savoir. Il faut voir comment se pavanent *Monsieur et Madame des Trois-États* ; et comme plus loin Margot et le savetier apprennent avec une joyeuse satisfaction qu'ils sont du tiers état, ce dont ils ne se doutaient pas : *J'sommes du tiers état*, s'écrient-ils.

C'est également toute une série de plaisanteries sur la partie engagée et gagnée contre les ordres jadis maîtres : *le Jeu de dés, le Jeu de quilles, la Partie d'échecs, Je tiens mon pied de bœuf*[1]. le jeu de la balançoire, où la Justice est du côté du peuple. On oppose la tranquillité avec laquelle le Tiers fume sa pipe à la mortification de ses adversaires. Le nouveau souverain est railleur, mais bon garçon. Il fait trinquer le marquis et l'abbé. *Entre nous trois pas de façon !* Et même, les choses ne sont-elles pas changées du tout au tout ? La partie est bien gagnée. L'image du peuple portant ses maîtres sur son dos peut et doit être retournée. Aujourd'hui, le paysan a enfourché le noble, et si celui-ci ne se retenait à l'abbé, il tomberait sous le faix. *Je savais ben que j'aurions not' tour !*

[1]. La légende de l'image où l'on joue à *Je tiens mon pied de bœuf* est une des plus curieuses par sa gravité philosophique : *Il faut faire trois choses : la première est d'être à la Nation et au Roi, la deuxième est d'aimer son prochain plus que l'argent, la troisième est de ne pas faire aux autres ce qu'on ne voudrait pas qu'on vous fît.* Telles sont les recommandations du Tiers à ses camarades de jeu.

LE PRESSOIR.
D'après une image coloriée.

Les gravures sérieuses montrent des magiciennes prédisant à l'aristocratie sa chute, ou le tiers état prophète lançant le *Mane, Thecel, Pharès* au milieu d'un festin de seigneurs et de prélats.

Un gentilhomme se laisse cajoler par une femme sans s'apercevoir qu'un abbé lui prend dans sa poche de l'argent dont il se sert pour faire ses aumônes au pauvre du Tiers. *Honni soit qui mal y voit!* dit la légende.

C'est un intarissable déluge symbolique et satirique. Ici éclate l'espoir du savetier, qui compte sur l'année 1790 pour gagner plus d'argent et en avoir de reste, sa nourriture payée.

Encore eût-il mieux valu ployer que rompre. L'abbé et le prêtre se brisent en deux et tombent devant les rayons de la Justice qui accompagne le peuple.

Là, c'est un sapeur de la garde nationale qui personnifie le Tiers avec le triple costume militaire, religieux et légiste. Il boit de « *l'antiaristocratie* », liqueur qui abreuve tous les gosiers.

L'imagier fait voir quelle différence existe entre ce petit nain misérable qui était le *Français de jadis*, et ce milicien géant qui est le *Français de maintenant*.

Vingt fois l'idée est ressassée, tant elle plaît et enorgueillit.

A la suite de ce triomphe éclatent des sentiments

d'indulgence pleins de superbe envers ces pauvres diables si décontenancés. Le Tiers, après avoir écouté leur confession, leur pardonne.

Une estampe montre quelle était la situation du Tiers peu de temps auparavant. C'est un bonhomme enchaîné souriant à un rayon de lumière qui lui apporte ce mot : « *Espère!* » (ou bien n'est-ce pas une moquerie contre toutes ces espérances, un appel qui signifie : Tu es encore enchaîné!) On reporte aussi sur Louis XVI la reconnaissance des biens réalisés et les projets de monuments à lui élever abondent. Le roi est surnommé le restaurateur de la liberté.

C'est comme une partie de paume, la balle se renvoie immédiatement. Louis XVI restaurateur! La raquette s'empare du mot : *Eh bien, quand donc sera-ce la poule au pot?* demandent les impatients.

Restaurateur embarrassé! ajoute une autre caricature, qui s'évertue à prouver que la cuisine n'est pas fameuse, que le peuple tient la queue de la poêle, que le clergé souffle le feu et que la noblesse fait la sauce.

Une curieuse image de cette époque est celle intitulée : *Est-ce que le diable sera toujours à notre porte?* qui représente le malin cherchant à s'introduire dans les chaumières. Un paysan le pourchasse avec un bâton, encouragé par son père qui lui crie :

Tôt-tôt-tôt — Battez chaud — Tôt-tôt-tôt — Bon courage — Il faut avoir du cœur à l'ouvrage.

« *Frappe fort, fort, mon fils, c'est un aristocrate.* »

Dans la gravure ci-contre on voit le prêtre, le noble et l'artisan travaillant avec ardeur au même établi de forge pour rendre parfait le livre qui contient les réformes. La constitution sera parfaite qui sortira de ce triple accord. Ainsi la légende pousse les hommes du tiers état à forger de toutes leurs forces les *nouvelles constitutions*. On est impatient de voir le monument construit sur de nouvelles fondations.

Le Trésor tiré des ténèbres : « *Ha, je serons ben content quand j'aurons tous ces papiers-là* », dit le peuple, tirant à lui du fond d'un abîme un ballot de papiers sur l'enveloppe desquels on lit : *Vœux de la nation, nouvelle constitution*. Les gens ignorants ont confiance dans tous ces papiers, d'où sont sorties tant de choses. Plus tard, quand les ardentes aspirations des républicains auront été déçues et refoulées, le peuple n'aimera plus que la guerre. Là seulement il trouvera l'égalité, les paysans, les ouvriers devenant officiers, généraux. Les plaisanteries contre les aristocrates continuent avec une rude gaieté. Les droits de l'homme engendrent de rabelaisiennes images sur la virilité du Tiers et l'affaiblissement des autres ordres. En ce sens, la caricature : *Naissance des aristocrates* est trop crue pour être commentée longuement. Du lavement qu'a pris un diable surgissent un noble et un prêtre.

L'Instituteur des aristocrates représente un diable en costume de prêtre, enseignant à de petits aristocrates la Saint-Barthélemi et autres crimes.

Le Fumeur patriote fume paisiblement, tandis que le noble et le prêtre ont l'air agité, et il dit que leurs complots ne produiront que de la fumée comme le tabac de sa pipe.

Chasse patriotique à la grosse bête. Les citoyens et soldats combattent contre le monstre à plusieurs têtes de l'aristocratie.

Halte-là, plus d'aristocratie. Soldat barrant le passage à une femme noble à cheval sur un paon.

L'Ane magistrat, ou la Fin du temps passé. Animaux devant un âne personnifiant la magistrature.

Il y a, dans ces images du début de la Révolution, l'essence du sentiment populaire alors universel. Il n'est presque question que du triomphe du Tiers. Ce sont les beaux jours, les jours bleus ; le gris, le rouge et le noir viendront ensuite assombrir le temps. La joie est à peine traversée par des retards et de légères incertitudes.

Pour le peuple, c'est le grand fait, une résurrection dans sa vie ; le reste le passionnera un peu moins, ou ne pénétrera pas dans son esprit d'une façon aussi profonde. Pendant quatre mois, il n'a cessé de s'occuper de lui-même. Pendant longtemps encore, ce qu'il contemplera avec le plus de plaisir, c'est le spectacle de sa victoire. Il ai-

Tout irait bien si tout le monde riait comme moi.
D'après une estampe en couleur.

mera toujours à voir sa figure sous celle du tiers état représentant tout, et il répétera le fameux *mot*, sans savoir qui l'a dit.

CHAPITRE V.

LE DUC D'ORLÉANS, LE VÉTO. — SIEYÈS.

La facilité à espérer, les sentiments de conciliation et d'allégresse dominent d'une façon frappante dans la nation, pendant l'année 1789. Les violences, les combats semblent imposés par l'attitude de la cour. Aussitôt après on s'arrête, pensant que tout est fini, que le bonheur est proche. Le moindre signe de bienveillance du roi est accueilli avec effusion et célébré immédiatement ; mais la vigilance et l'énergie sont bien remarquables du côté du Tiers. La vigilance fut alors véritablement une vertu révolutionnaire. Pas d'acte menaçant de la cour auquel ne réponde un coup vigoureux de la nation.

Le clergé et la noblesse ne veulent point se réunir aux délibérations du troisième ordre, le Tiers se déclare Assemblée nationale ; le roi veut dissoudre les états, le Tiers jure au Jeu de paume qu'il fera la constitution. La cour rassemble des troupes au Champ-de-Mars et aux environs de Paris, et renvoie Necker, la nation s'empare de la Bastille et s'organise en milices. Les gardes du corps et les officiers des autres régiments casernés à Versailles foulent aux pieds la cocarde nationale, le peuple s'élance sur Versailles et en ramène le roi.

Mais lorsqu'entre ces divers événements Louis XVI paraît faire quelque concession, l'enthousiasme général se reporte vers lui, et de tous côtés sont étalées des gravures représentant des monuments à élever à sa gloire.

Aux approches de l'ouverture des états généraux, cette joie et cette confiance si curieuses à signaler sont extrêmes.

Le roi a senti, comme la nation, le besoin de cette Assemblée pour remédier en commun aux difficultés du moment et donner la liberté à laquelle chacun s'attend. Enfin, la plainte du peuple a été écoutée, ses longues souffrances vont être apaisées. Parmi le clergé et la noblesse, des esprits désintéressés, philosophiques, acceptent les idées nouvelles.

La réunion des états généraux semble la fin des abus. M. Necker, le grand ministre, l'habile financier, le réformateur, n'est-il pas auprès du roi en qualité d'ami et d'avocat du peuple, et le roi n'est-il pas le meilleur des pères?

Avec quel plaisir on enterre le *Très-haut et puissant seigneur des Abus, que M. Necker conduit au tombeau!* M. Necker et le roi relèvent ensemble la France étendue à terre. M. Necker prouve au roi que la balance des charges n'est pas égale entre les trois ordres, et le roi est tout disposé à bien faire. La petite et la haute noblesse, le clergé et le parlement aveuglés *voudraient abattre ce qui les soutient,* c'est-à-dire l'arbre populaire, l'arbre nourricier ; c'est encore M. Necker qui rassure les paysans et les représentants du Tiers groupés sur les branches.

Ainsi, les ordres du clergé et de la noblesse ont beau tenir rancune au Tiers, ce qui a causé une surprise mécontente au milieu de la joie première, tout peut aller bien, néanmoins.

Jusqu'ici, on n'a point vu les royalistes s'émouvoir des caricatures populaires. Ils les laissent passer sans y répondre.

La situation du parti royaliste est singulière à cette époque : ce qui l'inquiète, ce n'est pas le mouvement qui grandit. Il tient ces feuilles des rues pour de pures insolences. La canaille profite des embarras d'argent de la cour pour brailler. Tout cela ne serait pas bien dangereux si le duc d'Orléans n'avait la main dans la plupart des événements. Voilà où la cour a les yeux fixés, voilà où est

sa colère, son désir de vengeance, le Palais-Royal.

Pour les royalistes, il n'y a pas de mouvement national ; il n'y a que des gens soudoyés par le duc d'Orléans. C'est lui qui paye et excite les chefs du Tiers, Mirabeau en tête. C'est lui qui envoie le duc d'Aiguillon, déguisé en poissarde, entraîner les femmes à Versailles. C'est lui qui excite les faubourgs, qui solde Camille Desmoulins pour haranguer la foule, qui fait prendre la Bastille. Là est le seul véritable ennemi.

Les premières caricatures des royalistes sont à l'adresse du duc d'Orléans, et c'est de l'Angleterre qu'elles partent.

Pourtant à cette époque les principes étaient étudiés de près, même par la satire, plus que les hommes. Ce fut à cause des principes qu'une caricature dirigée contre l'Assemblée, avec le titre de : *Générosité revue et corrigée de l'Assemblée nationale,* porte le nom de Sieyès inscrit au-dessus d'un coq d'Inde représentant le clergé et défendant la *dîme.* (Voy. grav. p. 9.) Sieyès avait défendu la dîme au nom de la justice. Les caricaturistes ignoraient-ils que le fameux mot : Le Tiers est *tout,* avait été dit par un *abbé* ?

Figure singulière que celle de l'abbé Sieyès dans la Révolution. Son pamphlet fut l'étincelle qui mit le feu aux poudres. Il reste, à partir de là, dans les voiles d'une diplomatie pleine de réserve. Politique froid, pratique et actif, quoique sortant rarement de son cabinet, l'abbé Sieyès est un des rares hommes mêlés aux grands événements révolutionnaires qui aient échappé à la rancune des partis. Son rôle fut pourtant assez net pour qu'on lui ait attribué certains mots, comme celui-ci : *La Révolution ne sera finie que lorsqu'une rue droite sera tirée de la rue Saint-Honoré à la rue du Bac.*

Un mot profond qui rompt avec la brutalité et les déclamations des révolutionnaires du temps.

Sieyès travaillait à la façon des taupes : la taupe fut oubliée par les caricaturistes, plus préoccupés des hommes en vue ; cependant il existe un dessin du temps qui me paraît bien significatif. L'abbé est représenté avec un grand développement de taille auprès des Tuileries, qui semblent un jouet d'enfant. C'est Gulliver enjambant les monuments de Lilliput. En effet, Sieyès fut grand par son idée, et les Tuileries, en tant que siége de la royauté, étaient alors véritablement minuscules.

A la façon dont les caricatures s'emparèrent de la fameuse question du *veto*, on voit quel effet bizarre produisit sur le peuple ce mot mystérieux cachant, pensait-il, de redoutables menaces.

A distance, les longues dissertations des légistes et des politiques, même Mirabeau, Mounier, Sieyès sur le *veto* suspensif et le *veto* absolu, revêtent un caractère énigmatique.

L'inquiétude du peuple à propos de cette chose inconnue dont il fit aussitôt un être bizarre semblait incompréhensible. Il s'habituait à voir le Tiers mener les choses à la guise des masses, et toujours à son avantage; mais rendre au roi le droit de s'opposer aux volontés de ses représentants, c'était retourner là d'où l'on venait, recommencer, perdre ce qu'on avait acquis.

Aussi ce *veto* apparaît-il comme un diable, comme un démon au service de l'aristocratie. Dans ses gravures, le peuple montrait ses désirs, il dessinait ce qu'il aurait voulu voir se passer, les députés fermant la porte de l'Assemblée au monstre, et les gardes nationaux avec les ouvriers lui courant sus pour le mener à la lanterne.

Les esprits plus exercés aux nuances politiques se bornaient à employer la traditionnelle balance qui pèse le résultat des luttes, et montraient le *veto suspensif* l'emportant, grâce aux efforts des principaux députés qui l'avaient soutenu, sur le *veto absolu*, qui montait sur son plateau avec ses défenseurs les plus actifs.

Aucun dessin ne s'empare de M. et Mme Véto, le roi et la reine, qui restent la proie unique des chansons.

Enfin, sont faits la Déclaration des Droits de l'homme et le préambule de la constitution.

C'est alors que se place une image dont il a été déjà parlé : *Voilà un grand pas de fait !* le peuple enjambant la Bastille et les quatre têtes tombées, sorte de dîme sanglante qui permet à la révolution de donner la main au roi.

Toute cette marche hardie, impétueuse du Tiers avait grandement irrité la cour, et tandis que la nation se réjouit, la noblesse fait une démonstration qui laisse soupçonner que ce roi sur lequel le peuple semble toujours compter n'est pas sincère dans son apparente amitié.

Ce sont, en effet, les gardes du corps qui insultent les gardes nationaux en foulant leur cocarde aux pieds et en promettant de mettre à la raison tous ces vilains.

L'indignation populaire fut grande. Au lieu de s'occuper légalement des affaires publiques, du bien de la patrie, on s'assemble, on menace, on outrage; l'émeute grossit. Hommes, femmes, gardes nationaux, courent sur Versailles, forcent la défense des gardes du corps, et ramènent à Paris la famille royale.

La caricature reste silencieuse en présence des combats. Ce n'est qu'ensuite, et pour railler la mine piteuse du vaincu, qu'elle aiguise sa pointe.

Les journées des 5 et 6 octobre furent surtout attribuées, par les royalistes, aux menées du duc d'Orléans. C'est à ce moment que partent les premiers jets de la caricature royaliste. On prétend que le duc d'Aiguillon, déguisé en femme, a conduit les poissardes. Une de ces têtes qui, en se retournant, donnent un autre visage et un autre costume, représente le duc d'Aiguillon en officier. En renversant le dessin, on le voit en femme. C'est une idée si enracinée qu'il s'est déguisé en poissarde, que l'abbé Maury, le rencontrant peu après, lui dit avec une colère épigrammatique : « Passe donc, salope ! »

Une très-violente et habile caricature arrive d'Angleterre. Le duc d'Orléans, à cheval, chasse avec sa meute, dont les chiens portent des têtes humaines, un cerf couronné. Les noms des principaux courtisans du duc sont inscrits au-dessous de chaque chien, de Simon, de la Touche, de Vauban, Talleyrand, Sillery, les comtesses de Buffon et de Blat, etc. Un poteau porte : *A Versailles.*

La légende en anglais est : Une couronne à qui le tuera ! *Who kills first for a crown.*

Dans une caricature française, le duc est tombé dans la boue. Chabrond, un de ses familiers, essaye en vain de le blanchir avec du savon. Sur le terrain on lit : « Bastille, faubourg Saint-Antoine,

poissarde d'Aiguillon, Mirabeau, baron de Menou. »
Autour de lui, têtes coupées, poignards et piques.

PHILIPPE PIQUE.
D'après une estampe à la manière noire.

Philippe pique, ce sont les ambitions de royauté. Tantôt, c'est sur les cartes à jouer que le roi de pique a la figure du duc d'Orléans. Tantôt il est représenté en grand costume royal avec l'as de pique suspendu en guise de décoration à son grand cordon, et son manteau tout semé de piques. Il a la main appuyée sur une fourche. « Si tu règnes, veut dire l'image, tu ne seras ni Philippe VII, ni Philippe I er, tu seras Philippe pique, roi meurtrier, roi de populace. »

On ne se lasse pas de lui prédire que ses projets échoueront et qu'il ne recueillera que l'indignation et le mépris. Philippe d'Orléans peut se voir dans un char tiré par des lièvres, au milieu de toutes les puissances étrangères qui, loin de le seconder, se jettent sur lui, le maltraitent et l'injurient.

Le Calculateur patriote est une estampe à la manière noire, qui paraît dirigée contre le duc d'Orléans. On croirait voir le portrait d'un philosophe méditant sur son époque, si l'arithmétique à laquelle il se livre ne montrait que le graveur a voulu symboliser les massacres de Flesselles et de Delaunay, de Foulon et de Berthier.

Les variantes de cette gravure portent les nombres successifs de ces têtes, qui arrivent jusqu'à vingt-neuf. Tantôt, le compte du calculateur porte : « Qui de 29 paye 4, ou paye 5, ou paye 6, ou paye 8, etc. » Dans l'une on voit une tête de femme. Sur un livre aux pieds du calculateur est écrit : *Proscription*.

Il est présumable que cette gravure curieuse fut rééditée, avec modification des légendes, au fur et à mesure des premières colères du peuple[1].

De même que dans certaines compositions symboliques dont les partis divers se servent comme moyens de récriminations, l'image du *Calculateur*

---

1. La Bibliothèque nationale possède toutes les variantes, classées un peu arbitrairement à la même date.

patriote peut être sortie de la fabrique révolutionnaire ou royaliste. Je ne veux pas me prononcer

LE CALCULATEUR PATRIOTE.
D'après une estampe à la manière noire.

encore, laissant le lecteur juge des tendances de chaque parti, qui deviendront plus faciles à suivre à mesure que seront ouvertes les portes des divers ateliers mystérieux où s'élaboraient ces images.

CHAPITRE VI.

CAMILLE DESMOULINS, INSTIGATEUR DE CARICATURES.

Je cherche particulièrement les foyers divers d'où partaient les images satiriques sous la Révolution, car l'analyse de ces feuilles innombrables est fatigante, et mieux vaut encore comme renseignement la vue de la plus pitoyable estampe que la meilleure des descriptions. Ces divers centres, qui n'ont pas été étudiés jusqu'ici, sont importants en ce qu'ils font connaître soit une individualité puissante tenant la cible où les coups doivent frapper, soit un groupe d'esprits réunis dans le même but et forgeant les instruments satiriques destinés à agir pour le triomphe de leurs idées, pour ou contre la royauté, pour ou contre les hommes en vue, pour ou contre le peuple.

Camille Desmoulins fut un des premiers qui se servit de l'arme de la caricature. Sa nature d'esprit l'y poussait. N'était-il pas lui-même un humoriste transplanté dans le domaine de la politique? Il y entra gaiement au début, sans avoir peut-être la prescience des noirs nuages amoncelés au-dessus de la Bastille, et que la prise de cette forteresse devait faire éclater. A lire le prospectus des *Révolutions de France et de Brabant,* on voit que l'homme de lettres, une sorte de rédacteur de petit journal, y tient plus de place que l'ami de Robespierre. « Scudéry fit étouffer trois portiers de comédie à une représentation de je ne sais plus quel chef-d'œuvre. Je m'engage, avec mes abonnés présents ou à venir, à n'être pas content de moi, que je n'aie fait étouffer quatre colporteurs, au moins, à la porte de mon libraire. »

Plein de verve caustique, Camille Desmoulins cherchait à la communiquer au public. Il annonçait qu'il parlerait de tout, même de Polichinelle. « J'étends ma compétence et ma juridiction généralement sur tout ce qui pourra piquer la curiosité. Nous parlerons des anecdotes du jour et des réflexions de la veille. Tous les livres, depuis l'in-folio jusqu'aux pamphlets; tous les théâtres, depuis Charles IX jusqu'à Polichinelle, etc., seront soumis à notre revue hebdomadaire. »

On a par ce langage un écho des sentiments du public qui, pas plus que le spirituel écrivain, ne prévoyait les événements qui devaient se succéder avec une vertigineuse rapidité.

A cette époque quelques journaux étaient « illustrés, » non pas comme on le comprend aujourd'hui ; mais la vignette, si répandue pendant le xviiie siècle comme adaptation au livre, était facilement applicable au journal. Camille Desmoulins s'entendit avec son éditeur pour qu'une image fût placée en tête de chaque numéro de la publication nouvelle.

A prendre le pied de la lettre, on pourrait croire que le journaliste resta étranger à ces images et qu'elles doivent être portées au compte de l'éditeur. Le 22 mars, an Ier de la liberté, Desmoulins répudie la vignette qui avait paru dans le numéro précédent de sa feuille, et qui représentait Louis XVI, couvert de son chapeau, au milieu de l'Assemblée nationale : « Je proteste contre la gravure en tête de mon dernier numéro. J'ai déjà observé (sic) que je ne me mêlais point du frontispice et des figures, à l'exception de trois ou quatre dont j'ai donné l'idée. »

Le 12 avril de la même année, le journaliste revient à la charge : « Je réitère mes protestations contre les gravures en tête de plusieurs de mes numéros. L'Assemblée nationale n'a point aboli toutes les servitudes. »

C'est un trait contre l'éditeur qui introduisait dans le domaine de l'auteur des tendances en désaccord avec les principes de celui-ci. Il est à croire toute-

MIRABEAU-TONNEAU.

D'après une vignette du journal de Desmoulins.

fois qu'à partir de cette semonce publique, le libraire s'entendit avec Camille Desmoulins pour marcher dans une voie plus parallèle, car, à quelque temps de là, le vicomte de Mirabeau ayant dénoncé comme subversives *les Révolutions de France et de Brabant*, le journaliste répond dans la feuille (le 2 mai) par une caricature de Mirabeau-Tonneau.

Il est inadmissible qu'à partir de cette attaque Camille Desmoulins n'ait pas communiqué ses idées au graveur. A diverses reprises, Mirabeau le royaliste, le rédacteur des *Actes des apôtres*, est turlupiné surtout comme ami de la bouteille; il apparaît, représenté avec son gros ventre, ses courtes jambes, son embonpoint bourbonnien, tentant d'escalader la tribune de l'Assemblée nationale, ou avec un tonneau et des bouteilles formant son ajustement. On voit encore « *le grand colonel Tonneau allant à son régiment :* » il sort d'un cabaret un verre à la main et se dirige vers la cave bien garnie.

Le dessinateur n'est pas très-satirique et la gravure est mince; mais cette petite guerre entre journalistes était destinée bien plus à amuser les gens du Tiers que le peuple, à qui il fallait de l'imagerie brutale et grossièrement coloriée.

En feuilletant avec attention le journal de Desmoulins, on comprend qu'il n'en est plus de même qu'au début : l'écrivain avouait avoir « donné l'idée de trois ou quatre figures. » Le dessinateur est plus tard complétement sous sa direction. J'y trouve caricaturés les prêtres, les religieuses, le pape, les parlements, la noblesse et surtout les hommes modérés que 1790 devait balayer : Mounier, le général d'Alton, d'Éprémesnil, Necker, etc. Avec le vicomte de Mirabeau, l'abbé Maury est le plus maltraité. Ce disciple de l'abbé Raynal, dont les tendances philosophiques étaient fort avancées avant la Révolution et qui essayait de mettre des bâtons dans les roues du mouvement, alors que ses doctrines étaient transformées en faits, froissait d'autant plus Camille Desmoulins qu'il avait été à la même école : Voltaire, Diderot, l'*Encyclopédie*. Le pauvre abbé Maury est représenté à âne, la tête tournée vers la queue de l'animal, comme les maris battus par leurs femmes ; ailleurs une autre estampe montre son buste déposé à l'hôpital des fous par les Marseillais.

Ce n'est toutefois qu'une petite guerre entre lettrés et philosophes, qui ne ressemble en rien à celle que les imagiers populaires préparent contre la royauté, car le peuple, qui ne connaissait point les doctrines de l'abbé Raynal, s'intéressait encore moins aux motions réactionnaires de Maury.

Ce ne sont pas là ses hommes. A peine le peuple sait-il que son orateur favori, Mirabeau, est doublé d'un frère aristocrate qui s'escrime contre la Révolution avec une épingle. Sans Camille Desmoulins, il ne soupçonnerait pas le nom et l'existence des myrmidons qui veulent opposer leurs gros ventres à la trombe révolutionnaire. L'histoire a-t-elle jamais mis en regard Falstaff et Cromwell? Ces fantoches, quelquefois amusants après boire, n'ont aucune action sur les masses.

Quant à la guerre déclarée contre l'Église et principalement contre le pape, encore là le graveur des *Révolutions de France et de Brabant* fait preuve de peu d'invention, et l'introduction du diable, représenté comme un des conseillers favoris du sacré collége, est bien loin des fameuses estampes de la Réforme et de celles que devaient engendrer les boutiques d'imagiers de la rue Saint-Jacques.

Il est cependant une gravure d'un ordre tout nouveau dans l'avant-dernier numéro du journal de Camille Desmoulins[1], alors qu'on projette le jugement du roi. Des animaux, hibou, taureau, truie, renard, hyène (avec la figure de Marie-Antoinette) s'adressent à un singe qui tient la plume et écoute leurs dépositions. Cette eau-forte maladroite, mais d'un accent particulier et novice, ne ressemble plus aux images précédentes d'un burin commercial et exercé. Le trait hâtif, nerveux et plus personnel, en arrêtant mon attention, m'a conduit à une petite trouvaille utile pour l'histoire de ce journal.

1. N° 85, 18 juillet 1790.

Dans le numéro qui suit, Camille Desmoulins, peut-être fatigué de ce métier de journaliste exercé près de deux ans avec une verve qui rarement faiblissait, envoyait à La Fayette, sous forme de sarcasme, sa démission de journaliste; mais *les Révolutions de France et de Brabant* ne devaient pas cesser, quoique l'instigateur s'en retirât. Le journal continue avec Dusaulchoy pour rédacteur. Le 8 août 1790, le nouveau venu essaye de porter le lourd fardeau de son prédécesseur; or, à partir de cette date, des eaux-fortes analogues à celle du n° 85 décrite plus haut témoignent que le journal a changé de dessinateur : la plume spirituelle est partie, un burin plus ingénieux est entré. Ce sont d'abord des vignettes symboliques et patriotiques où la caricature n'a rien à voir; mais au n° 96, je note : « *le Bal des despotes, ennemis des Français* : » le peuple fait sauter sur une couverture les divers rois de l'époque.

A quelque temps de là (n° 104), *les Révolutions de France et de Brabant* contiennent une eau-forte curieuse : un porc, couronne sur la tête, assis dans un fauteuil, écrit sur une feuille de papier les mots *Veto, Déchu*, que deux chats lisent piteusement. Des chiens et des singes, assis au fond de la salle, écoutent la sentence royale. La planche n'a pas de légende; mais, chose rare à cette époque,

Fac-similé d'une gravure de Dusaulchoy, rédacteur des *Révolutions de France et de Brabant*.

elle est signée et on lit visiblement entre les tailles du premier plan : *Dusaulchoy fecit.*

Est-ce le rédacteur lui-même qui dessinait les planches ou quelqu'un de sa famille? Les renseignements manquent sur ce petit coin de l'histoire de la gravure. Il est à présumer que Dusaulchoy, entré comme dessinateur, peu de jours avant les projets de retraite de Camille Desmoulins, ne lui inspira pas d'ombrage ; cependant le graveur cachait un journaliste qui, du 15 août 1790 au 12 octobre 1791, continua la feuille à l'aide de sa plume et de son crayon. Desmoulins, qui s'était entendu avec Prudhomme pour servir ses abonnés, fut joué par son éditeur qui confia à Dusaulchoy la succession de l'humoriste. Ainsi que tous les amants qui quittent leur maîtresse et ne veulent pas que leur cœur s'ouvre à d'autres, Camille protesta en vain contre cet « effronté plagiat; » il reprit toutefois possession de son trône plus tard, et en 1792, de concert avec Merlin (de Thionville), Desmoulins dirigea de nouveau *les Révolutions de France et de Brabant,* sans illustrations cette fois. De même *le Vieux Cordelier,* qui succéda à cette publication, parut sans gravures. Le temps n'était plus aux guerres d'escarmouches, à ces combats d'avant-poste où Desmoulins s'était fait remarquer si brillamment. Le « procureur général de la Lanterne, » devenu girondin, devait périr écrasé par les rocs qui se détachaient de la Montagne.

Ce n'est pas un chapitre de la biographie de Camille Desmoulins que j'écris et je dois revenir au journaliste plus modéré, Dusaulchoy, qui, ayant abandonné la lourde succession des *Révolutions de France et de Brabant*, avait fondé *la Semaine politique et littéraire*, feuille moins sarcastique, moins voyante, partant moins dangereuse. Du 19 décembre 1791 au 30 avril 1792, Dusaulchoy publia une vingtaine de numéros en continuant son système de vignettes-frontispices. « Ces figures sont très-mauvaises et l'on en trouve plusieurs déjà publiées dans le journal de Desmoulins, » dit M. Hatin dans son important travail sur la bibliographie de la presse révolutionnaire. Je ne partage pas cette façon de voir. Certaines de ces estampes, quoiqu'elles partent d'une pointe peu exercée, rendent bien l'esprit de l'époque, et témoignent en même temps d'une individualité qui fit défaut à plus d'un graveur révolutionnaire.

Je note dans cette nouvelle série, qui contient peu de caricatures, celle qui a trait encore une fois à Mirabeau jeune. Dans le numéro de janvier 1792 paraît la *Purgation de Riquetti-cravatte*. Un soldat lui fait avaler un papier sur lequel est écrit *constitution*; la médecine amène d'autres papiers : *titres de no-*

blesse, privilèges, droits féodaux. C'est le dernier trait lancé par la Révolution contre le grotesque vicomte.

Je ne prétends pas non plus entrer dans la vie d'un journaliste qui a laissé peu de traces dans l'histoire, quoiqu'en compagnie de Desmoulins; il attisa un foyer satirique contre les modérés au commencement de la Révolution : mon but était de restituer à l'histoire de l'art satirique à cette époque le nom du graveur Dusaulchoy, qui avait échappé aux recherches de M. Renouvier [1].

MIRABEAU CADET

[1]. Sauf un portefeuille de gravures et de lithographies de la Restauration, consacré aux œuvres de divers Dusaulchoy, sans doute ses parents, rien à la Bibliothèque nationale ne témoigne de l'existence de l'œuvre gravé du journaliste révolutionnaire.

CHAPITRE VII.

LES ROYALISTES SE DÉFENDENT A COUPS DE CARICATURES.

En même temps que Camille Desmoulins fondait son journal, la même année, le même mois, en novembre 1789, paraissait une feuille destinée à défendre les intérêts de la cour et de la noblesse : je parle des *Actes des Apôtres*. Il n'y aurait pas lieu de mettre en regard ces gazettes si un fonds de railleries et de sarcasmes n'apparentait les deux publications. La légèreté, la nargue du public, l'humour qui avaient décidé des quelques lignes du prospectus de Camille Desmoulins se retrouvent dans la feuille royaliste fondée par Peltier. Rien que l'épigraphe donne le ton : *Liberté, Gaieté, Démocratie royale.*

« Nous annonçâmes, en commençant ces *Actes*, que nous n'osions pas ouvrir de souscription parce que nous connaissions parfaitement notre paresse, et que nous ne savions pas jusqu'où pouvait aller l'héroïque et infatigable activité de nos honorables souverains. L'expérience a démenti nos craintes; mais néanmoins la profonde connaissance que nous avons des droits de l'homme ne nous permettra jamais d'aliéner notre liberté au point de nous engager à faire paraître un chapitre tous les matins. »

Malgré cette insouciance, *les Actes des Apôtres* vécurent à peu près autant que *les Révolutions de France et de Brabant*; mais les rédacteurs étaient nombreux, et Desmoulins entendait suffire seul aux nécessités de sa gazette. L'organe de la cour comptait deux groupes de rédacteurs bien distincts; les gens d'esprit : Peltier, Rivarol, Champcenetz, Mirabeau le jeune, Suleau, et les gens graves, les doctrinaires : Bergasse, de Montlosier, de Lauraguais, auxquels il faut ajouter les beaux esprits mécontents, les faiseurs de vers badins, les abbés galants, que la Révolution privait de soupers, de priviléges et de sinécures et qui s'en vengeaient par des mots semblables à celui-ci. Les révolutionnaires trouvaient qu'*aristocrate* était l'anagramme d'*Iscariote*.

Les Actes des Apôtres répondent :

> J'ai trouvé bien mieux que cela,
> Car, sans ôter un iota,
> Démocrate me décrota.

Cette petite guerre entre gens d'esprit et de bonne humeur amusa d'abord, et les traits lancés contre les partisans de la Révolution contribuèrent à tenir la verve éveillée de Desmoulins, le seul journaliste assez lettré pour répondre à Rivarol ou à Champcenetz.

Les Apôtres — ainsi s'appelaient les rédacteurs — étaient trop enfants du xviii° siècle pour ne pas être inconséquents et sceptiques. Leur véritable Dieu était Voltaire, particulièrement le Voltaire de *la Pucelle,* dont le journal citait fréquemment des vers. Ces royalistes entendaient défendre Louis XVI ; mais la royauté personnifiée par Louis XIV leur paraissait trop austère :

« Louis XIV fut aussi surnommé *le Grand* parce qu'il aimait les grandes conquêtes, les grands édifices, les grands palais, les grandes femmes, les grands valets, les grandes perruques ; cela ne l'empêcha pas de mourir bien petitement, après avoir éprouvé de grandes humiliations. »

Ne dirait-on pas un passage coupé dans Thackeray ? Voilà pourtant comme en 1789, les défenseurs du trône traitaient la royauté. Ce sont de véritables caricaturistes, et c'est pourquoi, certains détails s'y prêtant directement, je leur consacre quelques pages. Mais ils étaient de la race des caricaturistes peu intéressants, aux gages de la cour, et c'est une

CETTE FOIS-CI LA JUSTICE EST DU COTÉ DU PLUS FORT.
D'après une estampe coloriée.

remarque à faire combien le public est indifférent à ces gens spirituels sur commande, agressifs, l'argent plein les poches, et ne trouvant d'épigrammes sarcastiques qu'au sortir d'un ministère dont les fonds secrets sont à leur disposition. Il faut l'idéal de la liberté à la caricature, idéal que poursuit un pauvre artiste exposé à la misère, à la prison.

De même que *les Révolutions de France et de Brabant*, *les Actes des Apôtres* étaient ornés d'une vignette satirique à chaque numéro. Petites gravures plus finement exécutées que celles du journal de Desmoulins. La planche Ire qui a pour titre : « *Ouverture du Club de la Révolution* », est à signaler. Vingt personnages lilliputiens y jouent un rôle : Théroigne de Méricourt, comme présidente, dirige l'orchestre des musiciens ; Target danse sur la corde ; Sieyès monte à l'échelle pour lui porter la constitution ; Barnave est affublé d'une tête de requin ; le duc de la Rochefoucauld, boiteux, bègue et borgne, représente la nouvelle constitution (les membres de la noblesse qui montraient quelques tendances pour les idées nouvelles étaient naturellement doués par les Apôtres de toutes les infirmités). On voit encore figurés sur cette planche Thouret, la baronne de Staël, Talleyrand, Grégoire, etc.

Cette estampe et celles qui suivirent n'étaient

pas, malgré leur persiflage, de nature à ridiculiser ou à faire haïr les personnages qui y étaient représentés. Le dessinateur, de nationalité anglaise, ne ressentait aucun contre-coup des événements français qui pût émouvoir son cœur et ses crayons. Une seule pièce est signée : « Wibre scp. fecit London 1790, » au bas de la gravure du vol. VII des *Actes des Apôtres :* « the Roial hunt » (la Chasse royale); mais le burin est bien le même dans les planches des huit premiers volumes. Ensuite ce fut le tour de la vignette à la manière noire, procédé également fort répandu à Londres. J'y reviendrai.

Le graveur Wibre resta donc bien au-dessous des plumes satiriques de la rédaction. La constitution proposée par Target en est un exemple. Ce plan gouvernemental remua particulièrement la bile des royalistes; des personnages considérables du clergé et de la noblesse acceptaient la nouvelle constitution. Les Apôtres y dépensèrent toute leur verve; ils crurent que le ridicule suffirait pour faire avorter l'idée nouvelle. A voir l'estampe du troisième volume, « les Douleurs de Target ou les travaux d'Hercule, » on comprend que Rivarol, Champcenetz et Mirabeau jeune aient trouvé cette satire médiocre et insuffisante. Aussi jugèrent-ils à propos d'accentuer l'image par des commentaires piquants qu'il est utile de citer. On aura un échantillon de la manière de ces gens d'esprit :

« L'estampe représente l'intérieur du ci-devant Manége, aujourd'hui salle de l'Assemblée nationale... M. Target est dans les douleurs de l'enfantement. Il est gros d'un fœtus formé de quarante-huit mille bras et jambes, de quatre-vingt-trois yeux et de deux têtes, dont une très-grosse et une très-petite. Aussi il est dans des souffrances inexprimables; sa position l'indique autant qu'il a été possible à l'artiste de le rendre : ses jambes, ses bras, sa bouche, tout porte l'empreinte de son malaise, et dans une contraction totale de ses muscles, ses deux yeux se sont trouvés de niveau dans leurs orbites, ce qui ne leur était jamais arrivé. On attend avec inquiétude que cet embryon paraisse au grand jour, parce que les trois prophètes Sieyès, Thouret et Chapelier, qui ont beaucoup travaillé à faire cet enfant-là à M. Target, ont prédit qu'il deviendrait une fort jolie demoiselle, nommée mademoiselle Constitution; qu'elle serait si aimable et si douce que tous les princes voisins se battraient pour se disputer sa main. . . . .

«M. le duc d'Aiguillon, en sage-femme, est aux pieds de la malade; il déploie son tablier avec une grâce qui lui est particulière, il attend le précieux fruit de la conception de M. Target. Un jupon de pinchinat, un casaquin d'indienne, un fichu de Masulipatan, des bas de coton de Siam, des souliers à double couture et un joli bonnet de Marly noué sous le menton, lui donnent une tournure infiniment agréable, et l'on semble voir par sa dextérité qu'il n'y est point du tout étranger.

« L'évêque d'Autun soutient le malade dans ses bras pastoraux ; il l'anime, il l'exhorte à la patience ; il lui parle du Dieu d'Abraham, d'Isaac et de Jacob ; il lui fait envisager l'union, la paix et la concorde, suivies du calme et de la tranquillité, qui seront le résultat du grand œuvre qui s'approche. Mais le pauvre accouchant souffre d'autant plus qu'il était habitué à faire faire sa besogne par un autre.

« M. Malouet joue de l'harmonica pour tâcher d'adoucir le travail : il exécute la fameuse romance de M. Mounier qui commence par ces mots : *Fidélité, constance*, et il y joint quelques variations par M. de Clermont-Tonnerre.

« M. Mathieu de Montmorency occupe la tribune et prononce un discours relatif aux circonstances, dont voici l'esprit : *Messieurs, dans ce grand jour la nation... La constitution dans ce grand jour... Le patriotisme dans ce grand jour... La nation... La constitution... Le patriotisme...* M. l'abbé Sieyès est derrière lui et lui souffle son discours. M. de Montmorency reprend alors convaincu : *Oui, messieurs,* dans ce grand jour, la nation, la Constitution, le patriotisme...

« Au milieu de la salle, M. Guillotin explique sa machine nationale, dont le modèle est sur le poêle. M. Barnave lui fait des observations et lui avoue qu'il craint que le sang ne coule pas assez abondamment et que dès lors le patient ne meure d'apoplexie au lieu de mourir légalement, etc. »

L'analyse se termine par l'annonce que le correspondant de Londres promet d'autres gravures non moins intéressantes, que le prix de l'abonnement est fixé à 10 livres 10 sols, payables en espèces sonnantes et qu'on ne recevra des assignats « qu'à l'époque où ils auront fait monter le prix d'une salade à vingt mille francs. »

Telle est la manière de discuter des Apôtres. Un mot spirituel, un trait leur suffisent. Ils sont d'ailleurs encouragés par les gens de leur parti, aveuglés comme eux. Les rédacteurs, au milieu de leurs sarcasmes, oublient qu'ils doivent créer des prosélytes pour la défense du trône. On s'est moqué de la constitution Target, on a ri; le thème est bon; il faut l'exploiter. Un autre apôtre revient à la charge après le dessinateur, même après le rédacteur qui a été chargé de la description de l'estampe, et l'on doit avouer que le nouveau venu est le plus amusant :

« Pendant que l'abbé Sieyès pérorait, maître Target était dans les grandes douleurs; il hurlait, il aboyait; il remuait ses petits bras, il remuait ses petites jambes; sa petite perruque était tombée dans les bras de l'évêque d'Autun, qui le soutenait par derrière et lui recommandait le calme et la patience, suivis du calme et de la tranquillité. Ce digne prélat était là tout porté pour circoncire l'enfant, et M. Émery, placé à côté de lui, lui expliquait comment cela se ferait.

«Après cinq heures de convulsions et de douleurs, maître Target ayant fait un grand effort, on crut être arrivé au terme heureux de ses travaux. Alors, M. le duc d'Aguillon, la sage-femme, qui était à genoux devant le patient et tenait son tablier étendu pour recevoir le précieux dépôt, trompé par son patriotisme, s'écria : « Le voici, je vois déjà le bout du nez du grand œuvre; il se présente bien. » Tout le monde redoubla d'attention, et l'on vit bientôt après sortir une petite fumée noire qui fit éternuer l'évêque d'Autun et découvrit à la nation que les douleurs de maître Target venaient tout simplement d'une colique, et que certainement le bonheur de la France n'était pas encore arrivé. »

Si l'on excepte le tour de langue alerte de ce morceau, c'est une bonne plaisanterie du *Tintamarre*, un compte rendu des chambres par Briollet; mais ni Briollet ni *le Tintamarre* ne prétendent sauver la

CHUTE PROCHAINE DE LA FILLE A TARGET.

royauté, et les Apôtres s'étaient donné cette mission.

C'est au même ordre d'idées qu'on doit rattacher l'estampe royaliste dirigée contre la constitution (voy. p. 105). La légende qui se trouve sous la gravure est trop longue pour qu'elle ait pu tenir au bas du texte. La voici dans son exactitude : *Sur un chariot attelé de trois chevaux, dont les têtes figurent la Guerre, la Banqueroute et un Maire Jacobin, est étendue notre malheureuse Constitution. M. son père, placé à côté d'elle, lui fait avaler de temps en temps de la purée d'Assignats. Cette voiture sort du Manège constitutionnel et a l'air de se précipiter vers un abîme, malgré les efforts que fait un Feuillant qui lui sert de cocher et qui sont inutiles, parce que ces chevaux, harcelés et fouaillés par les Jockeys de la Constitution, la Famine, la Rage, le Sacrilège, le Désespoir, l'Injustice, l'Envie, la Colère, la Luxure, la Peste, etc., prennent le mors aux dents.*

Cette image, qui se vendait chez le libraire Weber au Palais-Royal, un foyer de royalisme qu'on retrouvera plus tard, peut servir de type au nouveau procédé de gravure que *les Actes des Apôtres* employèrent à partir du tome X.

D'abord principalement dirigées contre La Fayette, baptisé par ses adversaires du sobriquet de « ministre Linotte, » une de ces estampes, intitulée *le Sans Tort* représente un cavalier mi-homme mi-cheval avec un diable en croupe qui l'empêche de tomber. La légende principale porte : *le Chagrin monte en croupe et galope avec lui.* D'autres inscriptions dans l'intérieur de l'estampe rappellent certains faits et certaines paroles que les royalistes reprochaient au général. On portait à son compte le *jugement du marquis de Favras* et les premières têtes au bout de piques. La Fayette avait proclamé « *l'insurrection le plus saint des devoirs.* » Dans la nuit du 5 au 6 octobre 1789, le général aurait dit aux Parisiens : *Dormez tranquilles, je réponds de tout.* Le 28 février 1791, il s'était écrié : *Point de vive le Roi, vive la Nation!* toutes paroles dont les défenseurs de la royauté chargeaient l'exergue de leurs médailles satiriques.

Ces attaques ne pouvaient rien changer à la face de la Révolution.

Je fais tous mes efforts pour apprécier à leur réelle valeur ces gens d'esprit qui luttèrent inutilement deux ans pour leur cause. Au début, *les Actes des Apôtres* offrent une certaine analogie avec les *Mazarinades*, avec plus de finesse et moins de grossièreté. Ayant Camille Desmoulins pour adversaire, Rivarol, Champcenetz et les autres crurent pouvoir entamer des polémiques toutes voltairiennes. Ils ne voyaient pas que derrière

Desmoulins se cachait une révolution, non plus
une insurrection, et que l'esprit n'était plus à
l'ordre du jour. Voltaire lui-même eût été méconnu en 1789. Le malheureux Rousseau était
devenu l'idéal des révolutionnaires, le père de la
langue nouvelle. La plupart des orateurs de la
Constituante et de la Convention sont nourris de
Jean-Jacques, à qui ils empruntaient sa forme déclamatoire, ses plaintes, son humanitarisme. Mais
des épigrammes, des quatrains, des « petits paquets », des nouvelles à la main, sont des armes
mal fourbies contre les révolutions.

Il n'est pas de sots pires que certains hommes
d'esprit dans les grands soulèvements de peuples.
Les Apôtres perdirent bientôt toute mesure.

Ces regretteurs du passé avaient un bandeau
épais qui les empêchait de juger sainement les
faits se passant sous leurs yeux. Ils s'emportèrent
et ne contribuèrent pas peu à hâter la chute du
trône.

L'injure à la bouche, n'écrivant plus qu'avec la
plume aux invectives, à bout de raisons et tenant
la calomnie, la bave et la boue comme des instruments de polémique, ils arrêtèrent leur publication, dit-on, sur un ordre de Louis XVI. N'avaient-ils pas donné l'odieux exemple d'un frère appelant
le supplice sur la tête de son frère? Ce n'était plus

de vin, mais de sang que se salissaient les mains de Mirabeau cadet.

Les historiens ont jugé sévèrement ces courtisans dévoyés[1]; le public les a jugés plus sévèrement encore. Peu de curieux s'inquiètent des *Actes des Apôtres*, et seule l'adjonction des gravures peut faire feuilleter les pages d'un recueil aujourd'hui sans portée.

Plus préoccupé d'art que de politique, j'ai montré ce foyer de gravures exécutées à l'étranger, ces estampes à la manière noire qui représentent l'art aristocratique d'alors. On peut compter quelques exceptions; mais dans l'amas de caricatures de 1789 à 1793, la plupart des estampes traitées à la manière noire partent des royalistes. Les imagiers populaires employaient plus volontiers le burin, dont ils rehaussaient la pauvreté par de voyantes colorations: l'émigration, la contre-révolution se servent de la manière noire. Un chercheur d'analogies à outrance pourrait y voir un signe de deuil. La raison en est plus banale: ce genre de gravure, inventé par les Anglais, propagé en France au XVIIIe siècle, demandait plus de soins, moins de hâte, des ouvriers attachés à leur besogne,

---

[1]. Lamartine lui-même, dans son *Histoire des Girondins*, s'indigne contre ces mauvais plaisants égarés qui compromettent la royauté par de calomnieuses accusations et ces sortes d'injures qui prouvent qu'une cause est perdue.

par conséquent mieux payés. L'imagerie de la rue Saint-Jacques, qui livrait ses produits à bas prix, ne pouvait lutter avec ce procédé employé par l'aristocratie aux abois.

L'ABBÉ MAURY SE RÉFUGIANT A PÉRONNE.

D'après une image coloriée.

CHAPITRE VIII.

LES PRÊTRES. — LES MOINES.

On ne saurait s'astreindre à suivre jour par jour les événements par les caricatures qu'ils engendrèrent; autant vaudrait compter les feuilles d'un arbre. La Révolution fut prodigue d'images. Il semble qu'elle se dît combien de commentateurs obscurciraient ses annales, quel entassement de volumes l'avenir devait consacrer aux hommes et aux choses, et surtout la petite quantité d'esprits précis qui recourraient aux débats officiels enregistrés par *le Moniteur;* alors, pour parler brièvement et d'une façon voyante, à tous les coins de rues se produisirent de naïfs burins dont les auteurs n'avaient pas conscience, estampes que la génération actuelle a retrouvées encore, cinquante ans après leur apparition, en un tel nombre qu'il n'est pas de mouvement social, à n'importe quelle époque, qui se soit affiché avec tant de prodigalité.

La classe aux dépens de laquelle la satire s'égaya plus volontiers au début de la Révolution fut celle des prêtres. Naturellement le clergé n'avait pas renoncé sans amertume à ses priviléges. La chaire exprima plus d'une rancune. « Voulez-vous un habit d'une étoffe solide et durable, achetez de la rancune de prêtre », dit un ancien proverbe.

Camille Desmoulins, plus voltairien que les hommes qui suivirent, prit texte d'un discours du curé de Saint-Sulpice pour en amuser ses lecteurs : événement dont la gravure s'empara, mais qui n'eut pas un écho bien considérable. L'eau-forte rare que m'a communiquée M. le comte de Liesville est une redite de la ménagerie traditionnelle dont se sont servis les imagiers de tous les temps pour ridiculiser leurs adversaires. Anes, porcs, oies, canards personnifient les marguilliers, fidèles assistants des sermons entachés d'hérésies contre-révolutionnaires. A peine hors de l'église, le curé festoie en compagnie de sa servante, devant le foyer de la cuisine, auprès duquel tournent des broches garnies de volailles grasses; au-dessus est écrit : *l'enfer*. Châtiment réservé au desservant de Saint-Sulpice.

Cette image innocente (à comparer avec celles

qui suivirent) répondait à l'esprit des chansons et des *brunettes* du temps. De la malice et pas de colère.

Les dessinateurs de l'époque étudièrent également la terrible grammaire mise à la mode par le marquis de Bièvre. Une facile désarticulation des mots, à prendre l'*abbé* pour type, donnait les résultats admirables que voici : l'*abbé-tise*, l'*abbé-casse*, l'*abbé-terave*, et bien d'autres variantes dont je fais grâce au lecteur. La veine trouvée (elle ne demandait pas de grands efforts d'imagination), l'abbétise se montrait gras, de petites mains sur son gros ventre, la tête ornée d'oreilles d'âne. De telles facéties, grossièrement coloriées, seraient indignes aujourd'hui de figurer dans les collections d'Épinal : pour un sol le public avait six sujets différents sur le même papier ; aussi les graveurs mal payés ne se piquaient pas de fortes inventions.

J'aime mieux une image dont la pensée est d'accord avec l'exécution, la *pompe funèbre du clergé de France*. De la cathédrale de Notre-Dame sort un cortége de prêtres, de moines et de religieuses allant rendre les derniers devoirs à la tiare papale, à la crosse épiscopale, aux insignes religieux du haut clergé que la Mort se prépare à ensevelir. En regardant cette estampe, qui offre la qualité si rare dans la caricature symbolique d'être lucide et claire,

on serait presque tenté de la mettre au compte des protestants sous la Révolution, si l'esprit de cette composition ne faisait hésiter ; car, on le verra dans l'*Histoire de la Caricature sous la Réforme,* la satire gravée par les dissidents en Allemagne et en France était pénible, compliquée, grossière et plutôt le fait d'hommes qui se débarrassent des armes légères pour n'employer que la brutale raison. Luther excepté, personne ne rit chez les réformateurs, ni les pamphlétaires, ni les graveurs ; c'est pourquoi, malgré mon désir de procéder par groupement, j'hésite à attribuer aux protestants la spirituelle image ci-contre, traitée d'une main légère. Toutefois, cette estampe, qui se produisit à son temps, pourrait bien avoir été commandée et être une œuvre de parti : trouvailles que plus tard nous donneront de patients ouvriers apportant leur pierre à l'érection du monument de l'iconographie populaire.

On est tout près, on est bien loin du moment où un grand dignitaire de l'Église, revêtu d'un costume mi-partie religieux, mi-partie laïque, s'appuie sur la bêche en s'écriant : *Voilà le mot !* Autant s'était ingénié le dessinateur à faire entrer la trilogie du prêtre, du noble et du paysan dans un seul habit, autant avait peine le peuple à s'habituer à l'idée du *tres in uno*. Chimère que cet accord,

118 LA CARICATURE SOUS LA RÉVOLUTION.

pensaient les masses. Que les intérêts de la noblesse pussent ne pas être froissés de ceux du clergé, on l'accordait volontiers; mais le labeur du paysan

VOILA LE MOT.
(D'après une estampe en couleur.)

n'était-il pas rendu plus pénible par cette concorde même?

L'agriculteur, qui, sous la Révolution, fut regardé comme un des principaux soutiens du troisième ordre, le laboureur, que depuis nous avons laissé dans un coin du magasin aux accessoires révolu-

tionnaires pour le remplacer par d'autres qui feront également leur temps, songeait plus à ses semailles et à sa moisson qu'à devenir l'égal du seigneur, du supérieur d'une abbaye. Une préoccupation purement matérielle, *la terre*, s'était emparée de lui. Si, plus tard, à la faveur de la Révolution, il bénéficia d'autres avantages, si ses enfants purent devenir des citoyens libres, en 1789 le rêve constant du paysan était *la terre*, non pas comme mère nourricière de l'État, mais la terre lui appartenant, un coin de terre destiné à devenir un are, le lopin devant s'agrandir sans cesse et toujours ! Aussi le mot : *Paix aux chaumières !* ne se logea-t-il dans l'esprit du paysan qu'avec son renversement : *Guerre aux châteaux !*

Ce n'est pas le procès du paysan que j'entends faire. Le voisinage de la grande propriété devait déterminer cet amour de la menue propriété chez un peuple actif, laborieux, économe et sobre, qui ne courbe pas la tête sous la misère et ne s'alourdit pas le cerveau de bières épaisses comme en Angleterre.

En célébrant les bienfaits de l'agriculture, les politiques de l'époque n'avaient peut-être pas entrevu les conséquences de l'exaltation du paysan. Excepté dans quelques provinces à la barrière desquelles la civilisation était consignée depuis longtemps, l'homme arrosant la terre de ses sueurs regardait d'un œil d'envie les biens du clergé, ses abbayes, leurs vastes propriétés et dépendances. Même, quand le clergé fut à la portion congrue, le paysan ne plaignit pas les prêtres qu'une image montrait réduits à une excessive frugalité. Le haut dignitaire condamné, suivant la gravure, à se contenter désormais pour ses repas de pain, d'eau et de légumes (voir fig. p. 127), n'inspira qu'une médiocre pitié aux gens de campagne sceptiques et faiblement rassurés sur un système de bascule qui les élevait aujourd'hui, abaissait leurs adversaires et pouvait, sous le coup des événements, subir des pesées contraires.

Dans les villes, le peuple appliquait son attention à d'autres détails. Le bref du pape, au sujet de la constitution civile du clergé, décrétée par l'Assemblée nationale en 1791, les foudres de l'Église lancées contre la Révolution, quoique déjà détournées par le paratonnerre de la Réforme, préoccupaient davantage les esprits. Une série d'images parut à ce propos, toutes significatives; entre celles-là, j'en choisis une curieuse par le développement de sa légende, son orthographe et ses aspirations qui se font jour à travers les invectives adressées au collège romain : « *Lancée et Vomissée, saint Père, tout ce que vous avés de plus noir dans*

LÉGENDES INSCRITES SUR LES PAPIERS QUI SORTENT DE LA BOUCHE DU PAPE, DE LA FEMME ET DES NUAGES.
1. Evêques et archevêques excommuniés. Assemblée nationale excommuniée.
2. Vicaires et autres prêtres excommuniés. — 3. Excommunication pour les curés.
(D'après une image en couleur.)

l'esprit, invoquée les démons pour qu'ils vous inspire tout ce qu'il y a de plus affreux, imité vos infames disciples qui se sont couvert de tous les crimes les plus exécrables et vous rempliré par cela votre saint ministère. Mais la Nation Françoise craint peu vos foudres, et malgré toute votre malignité elle fera revivre, chérir et respecter cette Sainte Religion que vos Satelites avoit avilie par la Cupidité et leurs infames débauches. »

A travers ces grossièretés dont la barbare orthographe est de deux siècles en arrière, il faut remarquer que, comme chez les premiers réformateurs, la cour papale seule est en cause. La religion y est invoquée, qualifiée de « sainte », et l'auteur de cette légende exprime nettement ses vœux : la religion doit revivre, être chérie et respectée. Ceci pourrait bien être une image émanant directement du protestantisme, et, sans y attacher trop d'importance, il est utile de signaler un ouvrage qui parut plus tard à l'étranger[1].

Le mouvement de 1789 ne fut pas d'abord anti religieux, et il faut se garder de trop l'accentuer par la reproduction de certaines images. A lire les importantes discussions qui eurent lieu dans le

---

1. *Les Véritables auteurs de la Révolution de France de 1789*, Neuchâtel, 1797, in-8°. Dans ce livre, les principaux faits de la Révolution sont attribués aux protestants.

sein de l'Assemblée nationale en 1790, à propos des ordres religieux et de la suppression des vœux monastiques, on verra combien sont graves les orateurs, depuis Mirabeau jusqu'à l'abbé Montesquiou, depuis Robespierre jusqu'à l'abbé Grégoire. Toute influence voltairienne semble sévèrement éloignée de l'Assemblée. Les mandataires de la nation sont presque tous d'accord pour supprimer les vœux des moines, et leur pensée revêt des accents d'autant plus décisifs qu'ils sont austères et résolus.

« Le culte public a-t-il besoin d'autres officiers que les évêques, les curés ? Ne peut-il se passer de moines ? » demandait Rœderer à la tribune le 12 février 1790 : « Si l'on me dit qu'il est juste de laisser aux hommes pieux la liberté de mener une vie sédentaire, solitaire ou contemplative, je répondrai que tout homme peut être sédentaire, solitaire et contemplatif dans son cabinet. »

La question de Treilhard formulée : « Abolira-t-on les ordres religieux ? » le duc de la Rochefoucauld conclut « avec l'opinion publique à ce que les ordres religieux soient abolis ».

Pétion de Villeneuve ajoute : « Si l'Espagne, autrefois si peuplée, est actuellement déserte et appauvrie, elle le doit entièrement à l'établissement des monastères. Si l'Angleterre est florissante, elle le doit en partie à l'abolition des religieux. »

Pas une parole ne détonne dans cet important débat, où l'abbé Grégoire se montre sympathique à certaines corporations religieuses qui ont enrichi la France de recherches intellectuelles.

Le projet de Barnave passe : « L'Assemblée nationale décrète, comme article constitutionnel, que les ordres et congrégations religieuses sont et demeurent à jamais supprimés en France, sans qu'il puisse en être établi à l'avenir, se réservant de pourvoir au sort des religieux qui voudront quitter leurs cloîtres (13 février). »

Robespierre prononce un discours modéré sur le traitement des moines, et, après de longs débats : « L'Assemblée nationale décrète qu'il sera payé à chaque religieux, qui fera la déclaration de vouloir sortir de sa maison, par quartier et d'avance à compter du jour qui sera incessamment réglé, savoir : aux mendiants, 700 livres jusqu'à 50 ans ; 800 livres jusqu'à 70 ans, et 1,000 au delà ; aux religieux non mendiants, 900 livres jusqu'à 50 ans ; 1,000 livres jusqu'à 70 ans, et 1,200 livres au delà ; que les jésuites qui ne posséderont pas, soit en bénéfices, soit en pensions sur l'État, une somme égale à celle affectée aux autres religieux de leur classe, recevront le complément de ladite somme (19 février 1790). »

On reconnaîtra la tolérance de l'Assemblée nationale à la vie tranquille qu'elle préparait aux moines qui voulaient rompre leurs vœux. Les constituants entrèrent plus avant encore, un mois plus tard, dans cette voie de conciliation. Par décret du 18 mars 1790 : « Les religieux qui préféreront se retirer dans les maisons qui leur seront indiquées, jouiront, dans les villes, des bâtiments à leur usage et des jardins potagers; dans les campagnes, ils auront, en outre, l'enclos y attenant, lorsqu'il n'excédera pas six arpents, mesure de Paris, le tout sous la charge de réparations locatives et des frais du culte divin, excepté pour les églises paroissiales... Il sera, en outre, alloué aux dites maisons un traitement annuel, en raison du nombre de religieux qui y résideront. Le traitement ne sera pas le même pour les religieux mendiants et pour les religieux non mendiants; il sera proportionné à l'âge des religieux et en tout conformément au traitement décrété pour les religieux qui sortiront de leur maison. »

Une seule restriction était imposée aux cinquante mille religieux des deux sexes visés par le décret : désormais la quête leur était interdite. La nation en faisait des rentiers.

Il était naturel que le peuple s'amusât un peu aux dépens de ces nouveaux rentiers auxquels une vie facile était réservée, dans les couvents, ou au

Savonnez, savonnez et rasez bien le petit mignon pour qu'il ne sente plus le catignon.

AIR : *Où courez-vous, monsieur l'abbé.*

Ne redoutez plus les brocards, — Gentes nonnettes, beaux frocards. — De ces métamorphoses, — Eh bien! — L'honneur rit et pour cause. — Vous m'entendez bien.

dehors. Ce furent des plaisanteries, des ponts-neufs, des caricatures sans nombre sur la barbe des capucins, sur le froc des moines, sur le sort qui les attendait dans la vie.

On s'égaya beaucoup à la pensée que le clergé était tondu, rogné. La caricature se plut, pendant quelque temps, à l'image des perruquiers patriotes rasant les moines et les prêtres jusqu'à les écorcher. Elle fit du barbier un habile politique qui « *rase* le clergé, *peigne* la noblesse et *accommode* le Tiers. »

La suppression des ordres religieux, le 16 février, suivant de près le décret sur les biens du clergé, du 2 novembre 1789, aviva la gaieté révolutionnaire. De même qu'on avait joué sur la date de ce décret, qui tombait le jour des morts, on joua avec la date de la nouvelle suppression, qui coïncida avec le jour des Cendres. Le Temps marqua au front la noblesse et le clergé avec les cendres de leurs titres et priviléges.

Les pauvres prêtres, dépouillés par la bourrasque qui faisait voler en l'air mitres, crosses, chapeaux, parurent justement « *réduits à prier Dieu* » et à reconnaître que « *tout n'est que vanité.* » Abaissés à l'état de rémouleurs, faisant la grimace à l'idée de restituer ce qu'ils avaient pris, pleurant leurs bénéfices perdus, on leur présentait ironiquement, comme étrennes du tiers état, des cadeaux dérisoires qu'eussent reçus peut-être avec reconnaissance des religieux dans le désert, mais qui offraient une vive satire des priviléges et des prébendes du haut clergé des villes.

L'idée de restitution qui dominait le sentiment populaire fut exprimée par toutes sortes de variantes : l'indigestion, la colique, le mal de cœur du clergé; par l'amaigrissement des gros ventres cléricaux, qu'on mettait sous le pressoir; par les opérations du dentiste; par les ongles rognés.

Le compagnon légendaire de saint Antoine fournit matière aux farces, et finit même par personnifier le prêtre que la nation ne voulait plus engraisser. D'autres images satiriques représentaient les religieuses recevant l'Amour avec reconnaissance, les moines et nonnes sortant par longues files des couvents pour se marier, puis changeant d'habits et dansant ensemble à la noce.

Des brocards traditionnels sur la légèreté des mœurs des religieuses s'y mêlaient évoquant les éternelles cornes.

Maintenant que le clergé était ruiné, les dames repoussaient ses galanteries. Des moines rendus à la vie laïque les sergents instructeurs faisaient des soldats apprenant l'exercice.

Ailleurs, les défroqués ne jetaient pas leur robe

aux orties, mais la vendaient à des juifs. Puis recommençaient les images de déménagement, parodies de la Fuite en Égypte, adieux désolés aux

LES MOINES APPRENANT A FAIRE L'EXERCICE.
(D'après une gravure coloriée.)

bonnes amies. La gravure du *Déménagement du Clergé* traduit, sous une forme comique, l'abaissement de cet ordre puissant.

Dans cette série, quelques planches se distinguent

par un accent ou une intention énergique. Elles marquent fortement les griefs du Tiers contre l'aristocratie.

Ainsi les *Aumônes du tiers état* paraissent significatives. Le noble et le prêtre, adossés l'un à l'autre, obligent les gens du tiers à leur remettre leur argent. « *Craignez Dieu* », dit le prêtre, « *Payez ou sinon!* » menace le noble cuirassé et l'épée à la main.

Une autre intitulée : *Ils ne voulaient que notre bien*, commente vigoureusement les prétentions de suprématie et les habiletés des ordres abaissés. Le noble donne d'un air patelin une de ses mains à un paysan agenouillé, mais de l'autre il tient une chaîne. L'homme de loi enlève à un second paysan ses sacs d'argent, et le prêtre en confirme un troisième qui également dépose à ses pieds ses économies.

Un caricaturiste dessina une bande de paysans courant après un officier, un moine et un conseiller au parlement, qui emportent de gros sacs d'argent. *Au voleur! au voleur! à l'assassin!* crient les gens pillés.

La constitution civile du clergé (12 juillet), qui obligeait les prêtres à prêter serment à la constitution, fut encore l'occasion de nouvelles images satiriques, à cause de la résistance qu'elle rencontra.

Les caricatures contre les prêtres réfractaires furent nombreuses. On les représentait sous la figure de singes prêchant divers autres animaux, avec ces légendes : « *A beau mentir qui vient de loin* », ou « *A beau prêcher qui n'a le cœur de bien faire.* » Ou grotesques, « *fuyant le serment civique.* » Ou pleurant toutes les larmes de leur corps en contemplant le niveau lumineux. On leur reprocha de rester dans l'ombre sous les rayons éclatants de cette lumière. On leur conseilla, toujours par les images satiriques, d'aller chercher du secours auprès de l'enfer.

La menace suivit la raillerie. Ne pouvait-on employer une *nouvelle méthode pour faire prêter serment aux curés?* comme l'indique une caricature. Une corde attachée à leur poignet et tirée par les assistants leur aurait forcément fait lever la main. Ailleurs, c'était le tableau de moines et de prêtres que culbutaient les patriotes. Un imagier, qui incarnait le patriotisme dans la personne de Jean Bart et du père Duchesne, leur adjoignit le compère Mathieu. A eux trois, ils secouaient fortement le pauvre clergé.

Ce sont ces violences qui font perdre à la caricature tout crédit auprès des esprits mesurés. Du moment où la haine remplace la malice, où la vengeance chasse le trait spirituel, la caricature devient la complice du pillage, de l'incendie et des massacres. Nous l'avons vu en 1871. Et ceux qui seront appelés plus tard à redire les crimes de la Commune ne devront pas oublier le rôle des images, presque aussi puissant que celui des journaux.

Charbonnages improvisés, lie et écume des mauvais sentiments, qui s'étalent sans pudeur et triomphent facilement par leur rudesse et leur violence de la raillerie spirituelle s'enfuyant épouvantée.

L'ensemble de la caricature, sous la Révolution, est sombre et noir; cependant, jusqu'en 1790, certaines qualités propres à l'esprit français s'y font remarquer, même dans les attaques contre le clergé. Et quoique les noms des dessinateurs et graveurs qui prêtèrent leur concours à ces malices soient rares, j'ai trouvé un dessin à la plume signé, qui, vraisemblablement, n'a pas été gravé. Sur des supports à perruques se remarquent des têtes de prêtres, de moines et de cardinaux. Une sorte de Jeannot, monté sur un tabouret, tient un discours à l'Assemblée. La scène semble se passer dans la boutique d'un perruquier, et c'est lui sans doute qui exhorte ses nouvelles pratiques à se laisser accommoder à la laïque. Au bas de ce dessin, une main a écrit en caractères jaunissants et mélancoliques, cette patriotique inscription, qui mettra sans doute sur la voie d'un artiste ignoré : *Pérignon fils, mort en 1794, au service de la République.*

Fac-similé d'un dessin à la plume, de Pérignon fils, réduit au cinquième de l'exécution.

CHAPITRE IX.

LES PARLEMENTS.

Toute l'année 1790 continue le mouvement rénovateur entrepris par l'Assemblée. Les royalistes essayent vainement de lutter, ils sont débordés. A peine ripostent-ils par quelques dessins au déluge d'images de leurs adversaires.

Le parlement, le clergé, la noblesse, ces trois types de la trinité aristocratique, font les frais de la caricature, qui touche parfois, mais rarement, à l'état financier. Lasse d'allégories trop générales, elle trouve des noms propres à mettre sur ses figures et s'acharne après une triade de personnages dans la peau desquels elle incarne l'aristocratie.

A l'Assemblée, deux hommes se faisaient remarquer par leur pétulance, sans cesse assiégeant la tribune pour se plaindre, crier, protester, faire des motions et des discours à la fois hardis et impuis-

LE VOYAGEUR OU LES ÉCHASSES.

Le diable ayant voulu faire un présent aux hommes, prit un personnage très-expérimenté dans la chicane, l'autre dans le mensonge et l'autre dans la trahison ; il fut de ville en ville, et comme personne ne voulait le recevoir, il fut en Normandie, où on le soutint quelque temps ; mais à la fin il fut chassé, emportant avec lui le fardeau précieux, funeste exemple de la chute du colosse, qui, porté sur de faibles piliers, s'éventre de lui-même, entraînant avec lui tous ceux qui admiraient son énorme hauteur.

(D'après une estampe en couleur.)

sants contre le travail de nivellement du Tiers. C'était le parlementaire d'Espréménil et l'abbé Maury. Ils représentèrent la Justice et le Clergé, la Justice, c'est-à-dire la Chicane.

Les iniques condamnations, les nombreuses erreurs de cette magistrature aristocratique froissaient la nation depuis longtemps ; mais elles étaient, depuis cinquante ans, devenues véritablement trop fréquentes.

La grande triade caricaturale du frère de Mirabeau, de Maury et de d'Espréménil joue un rôle considérable pendant l'année 1790.

Dès le mois de janvier, Maury avait fortement irrité par une motion contre-révolutionnaire. Censuré par l'Assemblée, plus de dix caricatures différentes signalèrent la colère qu'il excita. Fils d'un cordonnier, son aristocratisme choquait d'autant plus. Dans les caricatures, on faisait intervenir son père, qui le rossait. On le montrait fustigé devant l'Assemblée. Un poignard à la main, il voulait assassiner le Tiers ; ou bien il vomissait des serpents, image fort souvent employée ; les diables mêmes, le jugeant trop pervers, ne voulaient pas de sa compagnie dans leurs flammes.

La colère contre lui, Mirabeau cadet et d'Espréménil venait surtout de leurs sarcasmes méprisants contre le Tiers. Le 15 avril, dans une séance où il s'agissait de la suppression de la caisse d'escompte, tous trois se firent remarquer par leurs diatribes. A la sortie, Maury fut poursuivi par le peuple et obligé, dit-on, de se déguiser en soldat pour s'échapper. Depuis, il porta toujours des armes pour se défendre en cas d'attaque. Les caricatures roulèrent sur l'escalade de la tribune par le vicomte de Mirabeau. Ici, c'était Maury en grenadier qui lui préparait l'échelle. Là, il tombait du haut de cette échelle.

La poursuite faite à Maury par le peuple donna lieu également à de nombreuses images, où la lanterne joue le principal rôle.

Elle est célèbre, la caricature des *Deux Diables en fureur*, où deux diables lâchent Maury et d'Esprémenil sur terre. Les enfers reviennent sans cesse dans ces naïves inspirations caricaturales. D'Esprémenil fut représenté dans sa « *rage parlementaire* », c'est-à-dire dans une chaudière sur un feu attisé par des diables. Voilà « *son élément* », disait le peuple, qui se consolait en plongeant dans les flammes ceux qu'il regardait comme ses plus grands ennemis : Mirabeau cadet, d'Esprémenil, Maury et divers autres.

Le souhait se répète souvent. Les diables ont envoyé ces gens, le diable les emportera. Les trois aristocrates peuvent se voir dans une hotte sur le

LES DEUX DIABLES EN FUREUR.

LE 13 AVRIL 1790, DEUX DIABLES VOLANTS.

Le 13 avril, 1790 deux diables en volant
    Firent une gageure.
  A qui ch..... le plus puant
    Sur l'humaine nature.

L'un nous ch.. l'abbé M... y
    L'autre en devint tout pâle,
  Et nous lâcha d'Ep...y
    Et toute sa cabale.

(D'après une image en couleur.)

dos d'un démon monté sur des échasses. Maury devient le clergé ou « le *Mensonge* », d'Espréménil le Parlement ou « la *Chicane* », Mirabeau la noblesse ou « la *Destruction* ». Ils furent représentés tous trois à genoux, avec la lanterne du châtiment au-dessus de la tête, entourés de démons et battus par un patriote et sa femme. Ici, Maury symbolise la « *Rage* », d'Espréménil le « *Désespoir* » et Mirabeau « l'*Envie* ». Ils font partie de *la Ménagerie nationale*, qu'un paillasse montre au peuple et qui contient : « *Deux singes de Rennes, un loup de Tréguier et un chat de l'île Sainte-Marguerite.* »

La plus caractéristique de ces images est celle qui a pour titre : *Rien n'est plus certain, ils filent leurs cordes*. D'Espréménil est déjà pendu. Dirigés par un diable qui est maître-cordier, Maury et le vicomte fabriquent de la corde (voir page 183).

Les chefs du parti aristocratique essayaient d'opposer une résistance efficace au tiers. Ils fondèrent une assemblée qui se réunit le 2 mai à l'ancienne salle des Capucins. Leurs projets, qu'on sentait impuissants, furent bafoués par diverses caricatures, dont une seule est curieuse : l'*Assemblée des aristocrates ou l'Harmonica des aristocruches*, pièce représentant une collection de cruches enrubannées de cordons de Saint-Louis, qu'un archevêque fait vibrer avec une baguette pour connaître le son de chacune.

La fête de la Fédération approchait. Sur la proposition de Mathieu de Montmorency, les nobles firent abandon de leurs titres, à la séance du 19 juin. A ce propos, les royalistes, qui ne dépensaient guère plus d'esprit que le peuple dans leurs railleries, l'appelèrent Fesse-Mathieu, et ils tradui-

FESSE-MATHIEU.
D'après une gravure à la manière noire.

sirent le mot par une image où l'on voyait Henri IV ordonnant à un garde de corriger Mathieu.

L'abolition des titres de noblesse fit reparaître en abondance les caricatures allégoriques contre l'aristocratie, négligée depuis quelque temps pour les personnalités. Ces planches représentèrent *la Maladie, la Mort, l'Enterrement de l'Aristocratie et de la princesse des Abus*, toujours dans un esprit déjà exploité et un peu usé, et reprenant même des motifs antérieurs dont les marchands d'images changeaient la légende. Les graveurs remontèrent dans leurs emprunts jusqu'à la Ligue, et s'emparèrent, en la modifiant légèrement, d'une figure de *monstre à trois têtes* (clergé, noblesse, parlement) qui dévorait le cadavre du peuple[1].

La fin des parlements était arrivée, et la caricature se rejeta sur ceux-ci. Son feu commença, dès les derniers mois de 1789, époque à laquelle leur suppression avait été décrétée, par une gravure intitulée : *le Parlement de Rouen en marche pour le Châtelet de Paris.* Trois avocats, conduits par un monstre, étaient suivis de paons, symboles de l'orgueil aristocratique, et d'ânes qui leur lançaient des ruades. Avec cette légende : « *Un des avocats conduits a nom M. Double-Main, l'autre M. Bride-Oison, et l'autre le pauvre Avocat éconduit.* »

En février 1790 parut également *le Départ des apothicaires patriotes des faubourgs de Paris munis d'une provision de pilules pour purger le parlement de Rennes.* Ces pilules sont des lanternes que des gens armés traînent sur des chariots.

---

[1] « La caricature révolutionnaire use et abuse des enterrements et cortéges ; elle se forme un magasin de décors et d'accessoires dont elle se sert sans cesse, sans trop s'inquiéter de le varier », m'écrivait mon ami Duranty, qui, en 1866, voulut bien reviser, après moi, pendant une maladie me tenant au lit, les richesses du cabinet des Estampes.

Peu après la fête de la Fédération, on publia : le *Jeu de la Révolution française sur le plan du jeu d'oye,* dont les figures représentaient, de cinq en cinq stations, les divers parlements sous la figure d'oies.

La chute des parlements fut non-seulement célébrée par des caricatures spéciales, mais ramena naturellement des gravures contre la trinité aristocratique. Un *Ecce homo* symbolisa le parlement sous forme de monstre s'en allant chargé de ses abus. Sur son palais qu'il quittait était écrit : « *Maison à louer.* » Dans une autre planche, le même monstre est couché à plat ventre sous les pieds de la nation et vomit ses priviléges et abus.

« *Monterai-je?* » demande un conseiller au bas de l'escalier de la « maison à louer ». *Je n'en crois rien,* lui répond un joueur de violon.

L'idée de La Fontaine (auquel les caricatures royalistes empruntèrent souvent ses fables), l'Huître et les Plaideurs, montra ce qu'amenaient les *Conclusions des procès* sous cette magistrature. Le perdant s'en allait tout nu, le gagnant en manches de chemise. D'autres gravures plus gaies riaient de la bourrasque qui, après avoir démitré le clergé, enlevait les perruques et les robes des gens de lois. *Ah! quelle affreuse bourrasque!* s'écriaient ceux-ci.

Confrères, quel doit donc être notre sort? Pouvons-nous échapper à la fois à la lanterne et à cette affreuse tempête?

(D'après une gravure coloriée.)

Contre l'aristocratie réunie, mais à l'occasion des parlements, on dessina sa barque chavirée sur l'écueil de l'Assemblée nationale, le noble, le prêtre et le parlementaire prenant un bain. Le parlement fut condamné à boire de l'*Elixir anti-aristocratique.* La légende de la pièce intitulée *l'Onguent national*, dont le dessin n'offre pas d'intérêt, est curieuse :
« *Cornu pharmacien natif de Rennes, en Bretagne, ayant fait la découverte du Calembourg ou de l'Onguent national pour détruire les cors et les empêcher de revenir, en offre ici la recette. Prenez 2 livres de graisse de râble de chanoine, 3 onces de fiel de président, 4 onces de crâne de conseiller aux enquêtes, greffier et procureur, 2 grammes de cervelle de duc, comte, baron, marquis, 4 gigiers de financiers, 1 cœur de grenadier, 2 onces de bile aristocratique et 6 gros de précipité. Le tout étant bien pilé, broyé et cuit à consistance sur un feu d'arrests, bulles et privilèges, vous en formerez des bâtons de la longueur du nez de l'abbé Mauri ou de la langue de d'Espréménil et les envelopperez dans les Actes des Apôtres pour vous en servir au besoin. Il faut trancher dans le vif et que cet onguent soit administré par d'habiles pharmaciens tels que l'évêque d'Autun, Chapelier, Barnave, Mirabeau, et qu'il reste surtout sous la sauvegarde de la nation.* »

Certains hommes, sous la Révolution, endossèrent tous les mauvais effets, acceptèrent les signatures d'emprunteurs douteux. D'Espréménil fut un de ces hommes. Par son rôle, il avait compromis les Parlements, ou plutôt il était devenu le complice très en vue de leurs menées, et si la caricature a contribué à tirer son nom de l'oubli, l'histoire jugera sévèrement le député de la noblesse de Paris qui témoigna une sorte de libéralisme avant 1789, détruisit l'un des premiers le ciment des assises du trône, et s'aperçut trop tard qu'il ne s'agissait plus de rétablir les formes observées en 1614 pour la séparation des trois ordres.

Qui s'occupe maintenant, sauf les ramasseurs de miettes de l'histoire, de l'abbé Maury, de Mirabeau cadet, de d'Espréménil, qui purent se regarder un instant comme des acteurs indispensables pendant le prologue de la Révolution ? A ces hommes là caricature rendit service : sans elle, ils n'existeraient pas.

Un curieux, peu au courant des détails de ce grand mouvement, voit des images coloriées et des légendes contenant le mot *d'Espr*...... Ces initiales sont une date ; elles montrent que de 1789 à 1790, la raillerie comportait encore une sorte de mesure : les adversaires appartenaient à l'ancien régime et se combattaient galamment.

Le rôle de d'Espréménil à l'Assemblée, ses préjugés parlementaires, l'opinion qu'il avait que dans la nation le Parlement était tout et le reste rien, sa naïve et constante préoccupation de l'extinction constitutionnelle des prérogatives parlementaires, son manque de vues politiques, ses propositions, que spirituellement un membre de l'Assemblée proposait de renvoyer au « comité d'aliénation », son rôle d'interrupteur couvert de huées, le dégoûtèrent à raison de la vie publique.

Et comme il est utile de contrôler la malice humaine quand elle s'attache à un homme, et qu'il est méprisable de faire corps avec l'esclave sifflant quand même tout homme au pouvoir, je conclus avec un écrivain moderne que la caricature ne s'est pas montrée absolument injuste vis-à-vis de d'Espréménil, « tribun de la cour et du privilége, toujours intempestif dans son opposition ; le pouvoir et la liberté eurent tour à tour en lui un adversaire inconsidéré et un champion malencontreux [1] ».

1. *Nouvelle Biographie générale.* In-8°. Firmin Didot, 1856.

CHAPITRE X.

LES ÉMIGRÉS.

Dès les premiers événements de 1789, alors que la Bastille tombe sous la colère du peuple et que le tiers réclame des droits qui doivent amoindrir considérablement ceux de la noblesse et du clergé, on comprend qu'un certain nombre de puissants personnages aient quitté la France. Les anciens privilégiés étaient expropriés, peut-on dire, pour cause d'utilité publique : en un clin d'œil le tiers allait démolir les abus, et on admet que la noblesse, semblable à ces vieilles gens qui ne survivent pas à l'expropriation de leur maison, voulût échapper à de tels bouleversements.

Les cours étrangères, par leurs coutumes arriérées, répondaient encore aux façons de vivre de la noblesse. Certains émigrés pouvaient trouver hors de France carrière à leur ambition ; d'autres, plus philosophes, se contentaient d'un asile dans quelque coin ignoré; mais la plupart, tout en suivant les graves événements qui se débattaient dans la patrie, se disaient que cette tourmente ne pouvait

MOUNIER.

(D'après une vignette des *Révolutions de France et de Brabant*, de Camille Desmoulins.)

durer et que, l'orage passé, ils rentreraient tranquilles dans leurs foyers.

Ils sont tous de même, émigrés, exilés: tous croient à cet éternel demain qui arrive si lentement!

Ce qui avait été faiblesse à l'origine devint crime quand les émigrés mirent au service des puissances étrangères leur épée. Un fils doit respecter sa mère malgré ses fautes, et la patrie est une mère.

La Restauration, qui exila les conventionnels comme ayant voté la mort du Roi, pouvait chercher les complices involontaires des régicides parmi les personnages de distinction qui rentrèrent à la suite des troupes alliées.

Ceux qui contribuèrent malheureusement à faire dresser l'échafaud de Louis XVI furent les royalistes. Groupés à l'étranger, n'attendant qu'un signal pour envahir la France et sauver la famille royale à la faveur des baïonnettes mercenaires, ne poussaient-ils pas dans l'urne fatale le vote des conventionnels?

A cet appel aux armes de Français sur le sol étranger, la Convention répondit par une tête de roi. Réponse sinistre.

Les émigrés ne comprenaient pas que la revendication des droits du tiers était légitime, qu'elle ne s'arrêterait pas au début, que la France tout entière l'acclamerait. Le patriotisme n'était-il pas manifestement exprimé par assez de voix pour montrer que des soldats étrangers triompheraient difficilement d'une nation libre?

Les émigrés, de volonté si débile, prouvèrent

SIGNALEMENT DES CHOUANS ET AUTRES
CONTRE-RÉVOLUTIONNAIRES.

(D'après une eau-forte de la collection du comte de Lioville.)

une intelligence plus débile encore en quittant un pays en mal d'enfant, qui allait donner naissance à la république.

Déjà rang, fortune, préjugés de caste, élevaient des barrières qui séparaient les nobles du peuple.

Ils fuyaient la France avec le souvenir de maximes d'un autre âge : « Le roi est le lieutenant de Dieu sur la terre, avait dit Louis XIV ; il n'est responsable que, par-devant Dieu de l'exercice qu'il fait de son devoir. »

Ces gothiques maximes : « Le roi peut tout, il est au-dessus des lois », etc., à l'aide desquelles jadis les souverains gouvernaient, une race nouvelle de citoyens. les avait balayées; et ces puritains en habit noir, qui étaient entrés à la cour, effrayaient les courtisans comme des inquisiteurs regardant de trop près au fond des sentiments royaux.

Un Roland, un Clavière, un Servan formant un ministère, une bourgeoise, telle que Mme Roland ayant une action directe sur le cabinet, autant de faits qui eussent dû ouvrir les yeux des émigrés et leur montrer que la France, longtemps chrysalide endormie, allait secouer son engourdissement.

Si quelques nobles comprirent cet « équitable et pacifique 89 », ainsi que l'écrivait une femme clairvoyante, ce ne fut que tard, comme le prouve la juste appréciation des hommes et des choses par une personne de qualité dont les Mémoires ont été publiés récemment : « C'est, dit-elle, à la cour et à la couronne qu'il faut attribuer ces malheurs; Versailles a gâté notre royauté comme l'Escurial gâtera l'Espagne. Si nos dauphins avoient été soldats avant d'être princes, ils auroient sauvé leur vertu et leur dignité des écueils que la vanité, la mollesse, le plaisir et le vice ont accumulés autour d'eux. J'excepte de mes reproches notre roi martyr. Mais il a subi le châtiment des désordres qui l'ont précédé. Son éducation lui a laissé les préjugés de sa race, sans lui donner les facultés nécessaires à son temps.

« Il ne faut pas se le dissimuler, dit-elle ailleurs (ceci est écrit en 1798), malgré les figures de rhétorique qu'emploient souvent nos modernes, la révolution n'est pas un torrent qui s'épuise et qui passe; elle est un fleuve abondant qui creuse son lit et qui ne cesse plus de couler et de s'élargir avec une majesté terrible et une indomptable puissance[1]. »

Et celle qui parle ainsi est une femme dont la

---

1. *Souvenirs de M*^{me} *du Prat*, donnés par le marquis du Prat, son petit-fils.

Révolution a causé la ruine! Peu de nobles pensaient de la sorte. Ils s'éloignaient, pleins de rancune, d'une France dont le patriotisme n'avait rien fait vibrer en eux. Espéraient-ils se rendre compte des vœux légitimes de la nation passé la frontière?

Ce ne sont ni les regrets ni les soupirs qui éclairent les questions sociales. De vieux et caducs serviteurs, se lamentant sur le sort de leurs maîtres, furent le principal entourage de la noblesse dans l'émigration.

Des gazettes rédigées avec esprit de parti, dissimulant au besoin les événements les plus graves pour insister sur des faits sans importance, des cours où l'étiquette était le plus sacré des devoirs, l'absence de discussion, des poitrines étrangères dans lesquelles aucun cœur ne battait à l'unisson de ceux qui s'étaient fermés aux souffrances du peuple, des défaillances et des abattements, telle fut l'existence des nobles qui abandonnaient leur patrie.

En Allemagne, de même qu'en Angleterre, des dessinateurs représentaient des scènes hostiles à la Révolution souvent empruntées à des publications françaises; toutefois ce mouvement germanique contre-révolutionnaire n'eut pas la portée anglaise qui sera signalée plus tard. Entre diverses vignettes, dont quelques-unes sont plus ou moins piquantes, j'en choisis une dans laquelle le bonnet phrygien est porté sur les crochets d'un pauvre diable qui n'en peut plus de fatigue, à marcher au milieu des ruines accumulées par la Révolution.

Innocentes symbolisations qui trouvent toujours de l'écho dans l'esprit des êtres obstinés à regarder derrière eux en poussant d'inutiles lamentations.

La Révolution, sûre de sa puissance, sourit de l'émigration.

En voyant les nombreux dessins dont le peuple s'amusa à propos des émigrés, je songe aux galeries historiques consacrées dans les palais aux événements héroïques et aux glorieux citoyens qui y prirent part. L'émigration eut son musée; mais ce fut un Musée pour rire que le peuple ouvrit aux hommes et aux choses de l'étranger. Il fallait bien que quelque gaieté fût mêlée aux événements graves de l'époque.

Vieux princes, vieux ducs, vieux marquis, qui avaient mis leur épée au service des puissances étrangères, furent traités par les révolutionnaires avec moins de respect que des soldats de plomb par les enfants. Chaque jour la caricature tirait de leur boîte de carton les armées royalistes, et comme un enfant, s'amusait à colorier ces régiments de papier.

Les caricaturistes de l'époque ne se piquaient pas

OUF!
D'après une vignette allemande signé Rieponh,
empruntée à l'*Ann'guin Bredouille* de Gorgy.

de délicatesse. On sait l'effet habituel que produisent les premiers coups de feu d'une bataille sur les jeunes soldats; les émigrés passaient pour ressentir de semblables troubles dans leurs fonctions pendant l'action tout entière. Ils étaient représen-

LES ÉMIGRÉS.

tés partant pour le champ de bataille en tricornes empanachés et en habits brodés, roulant de gros yeux, poussant des cris de : *Vive le Roi!* que personne ne comprenait, brandissant dans le vide d'innocentes épées de parade. C'étaient ou de gros princes podagres à ventre de Mirabeau-Tonneau, ou de longs marquis faméliques, maigres comme des échassiers. Le séjour des cours, l'abus des génuflexions, les plaisirs de la table, les déviations particulières causées par l'ambition, étaient inscrits sur l'anatomie de ces courtisans de l'ancien regime.

La Grande armée du ci-devant prince de Condé, par exemple, est la plus amusante caricature peut-être de toute la Révolution. On y voit les Condé, pères et enfants, leur état-major et leurs heiduques jouant de triomphales fanfares; mais leur armée! où est-elle? Deux hommes du peuple rient narquoisement en apportant une grande caisse qui contient *dix mille* soldats de bois. Toute la maison est dans le ravissement; les enfants du prince se précipitent sur ces jouets et les rangent avec empressement, pendant que les heiduques sonnent de furieuses fanfares.

L'*Envoi d'un supplément d'armée au ci-devant prince de Condé par messieurs les noirs ou du cul-de-sac* est une autre caricature représentant de nouvelles caisses de soldats, apportées au prince par des capucins, ayant à leur tête le cardinal de Rohan et Mirabeau-Tonneau. Des musiciens estropiés jouent une marche boiteuse.

La Contre-Révolution ; l'Attaque de la Constitution; la Contre-Révolution ne serait-elle qu'une caricature?

Véritable iliade dont les héros grotesques s'en allant en guerre, ou revenant fort culbutés dans leurs combats malheureux, sont : « le Petit Condé (par opposition à son ancêtre le Grand), son aide de camp d'Autichamp ; Mme de la Mothe, aide de lit de camp du cardinal de Rohan, ou pucelle de la Contre-Révolution ; Mme de Polignac, vivandière ; Mirabeau-Tonneau ; le cardinal de Rohan ou cardinal Collier ; le trésorier de Calonne ; l'abbé d'Aymar ; les capucins ; Son Impuissance l'évêque de Spire ; le prince de Lambesc ; l'avocat général Séguier ou Brûle-Bon-Sens ; Villequier, et le comte de Provence, qualifié de personnage plus qu'important, qui regarde de loin. »

A ce groupe s'ajoutèrent plus tard les évêques et archevêques électeurs qui avaient leurs principautés le long du Rhin.

Ainsi s'amusait la Révolution des émigrés vantards et menaçants qu'elle traitait en Falstaff. Ce fut à cette époque, que la formule de *ci-devant* prit une tournure dérisoire et véritablement humoristique.

CHAPITRE XI.

LE PREMIER HISTORIEN DE LA CARICATURE EN FRANCE.

Ce qu'on a imprimé de documents inédits sur les personnages en vue de la Révolution est tellement considérable qu'il semblerait que rien ne reste à glaner dans ce champ piétiné outre mesure; et pourtant voici le portrait, l'œuvre et la vie d'un homme laissé dans l'oubli et qui devait trouver place dans une Histoire de la Caricature, dont il a le droit de revendiquer le premier la paternité. L'homme est peu connu par ses écrits et mérite son obscurité; même son fanatisme prêterait à sourire si sa fin ne voilait d'une ombre mélancolique les idées excessives de cet enfant d'un pays ardent et qui, esprit un peu étroit, dut au sol de sa province un tempérament trop exalté.

Boyer-Brun, qui prit le nom de Boyer (de Nîmes), vint à Paris jeune encore, au début de la Révolution, et se lança dans le journalisme. Son séjour dans la capitale ne l'empêcha pas de rester Nîmois, mais surtout Nîmois doublé d'un catholicisme comparable à celui d'un défenseur de la papauté au XVIᵉ siècle.

De 1790 à 1792, je ne vois guère que lui, parmi les acteurs du temps, préoccupé de polémiques religieuses du passé, et je ne sache pas que, Boyer excepté, personne ait prononcé les noms de Calvin et de Luther pendant cette période troublée.

Aussi s'occupa-t-on médiocrement de lui: « Boyer-Brun (Jacques-Marie), âgé de trente-neuf ans, natif de Nîmes, substitut du procureur de la commune de Nîmes, domicilié à Paris, condamné à mort le 1ᵉʳ prairial an II, comme convaincu d'être complice des conspirations qui ont existé à Nîmes et à Arles », telle est la brève notice consacrée à sa mémoire dans la publication relative aux personnes exécutées sous la Terreur. Pour compléter cette biographie aussi sommaire que les jugements du tribunal révolutionnaire, il faut consulter les journaux du temps. On y voit que Boyer était collaborateur en janvier 1791 du *Journal général de France,* dirigé par l'abbé Fontenai; mais l'ardent Nîmois n'y resta que quelques mois, ayant l'ambition de paraître. Du 24 janvier au 12 août 1792, Boyer prend la direction du *Journal du peuple français,* feuille royaliste, et on lit dans le *Journal à deux liards* l'avis suivant:

« M. Boyer annonce un *Journal du peuple* pour lequel je me suis hâté de souscrire. J'invite les honnêtes gens à m'imiter. Il travaillait au *Journal général de France* et on s'aperçoit bien qu'il n'y travaille plus. » Réclame un peu naïve qui pourrait bien être de Boyer lui-même. En même temps, il entreprenait une curieuse publication, celle qui a dicté ce chapitre et qui donne un rang à part à l'auteur de l'*Histoire des caricatures de la Révolte des Français*[1].

Idée singulière pour une époque où l'archéologie n'avait que faire. Si on excepte le « bourgeois », qui eut l'idée de recueillir sous la Ligue les feuilles volantes que criaient les colporteurs, on ne voit guère avant les temps modernes d'hommes colliger des gravures populaires : besogne dont s'est chargé notre siècle avide d'inventorier, de classer, de comparer, de juger.

Boyer (de Nîmes) avait un autre but et il s'en explique dans le prospectus de l'*Histoire des caricatures* : « L'auteur démontrera dans cet ouvrage que tous les moyens ont paru bons quand on a voulu renverser l'autel et le trône, et il fera voir que les

---

[1] Paris, imprimerie du *Journal du peuple*, 1792. 2 vol. in-8°, fig. en bistre. Ouvrage fort rare, dont le tome II n'a pas été terminé. Le tome Ier contient 25 figures, et le tome II, qui s'arrête à la page 190, 13 figures seulement.

caricatures ont été un de ceux qu'on a employés avec le plus d'art, de constance et de succès pour égarer et soulever le peuple. »

Boyer (de Nîmes), ayant assisté à la publication de ces caricatures, donne certains renseignements sur leur mise en vente, leur succès et parfois l'arrêt de publicité qui leur était infligé. Ainsi, à propos de la fameuse estampe : *Convoi du très-haut et très-puissant seigneur des Abus, mort sous Louis XVI le 4 mai 1789*[1], qui symbolise l'avarice, l'orgueil, la folie, la chicane et les abus du clergé, Boyer mentionne que cette image fut prohibée, peu après son apparition. C'était dans les premiers jours des états généraux. « Le frein de la licence n'était pas encore brisé! » s'écrie mélancoliquement Boyer.

Par un système de bascule, il en fut de même pour une caricature dirigée contre les révolutionnaires : *Grand convoi funèbre de Leurs Majestés les Jacobins, de leur vivant nos seigneurs et maîtres, décédés en leur palais de la rue Saint-Honoré.* « A peine cette caricature parut-elle, dit Boyer, qu'on s'empressa d'en poursuivre l'auteur. »

La méthode de l'auteur pour son *Histoire des caricatures* ressemble à celle du *Journal des apôtres*. Il

---

1. Grande caricature gravée au burin par Sergent.

explique en quelques pages l'estampe, et fait suivre cette analyse d'un commentaire politique sur l'événement qui a amené cette estampe; commentaire le plus souvent long et diffus.

Pour bien faire connaître la manière de l'écrivain, il faut en donner un échantillon. Une des plus piquantes caricatures de la Révolution, avec une pointe de gauloiserie, rare au milieu des sombres et dures images du temps, est *l'Enjambée impériale*. Boyer, qui ne rit jamais et dont les passions politiques ne sont pas désarmées par la bonne humeur, oublie la gaieté de l'image qu'il commente ainsi :

« Cette caricature, qui outrage tant de souverains à la fois, est un monument d'impudence et de grossièreté. Elle n'est comparable qu'à l'insolent délire du vil *Carra*, qui affecte de donner, dans ses feuilles incendiaires, à l'auguste *Catherine* le nom de *Catin du Nord*. Comment est-il possible que les têtes couronnées aient supporté pendant si longtemps tous ces outrages et toutes ces calomnies ? Mais la mesure est comblée, et dans peu de temps sans doute *l'Enjambée impériale* disparaîtra des quais, où on l'étale avec une si grande affectation.

« Cette auguste souveraine (Catherine) est supposée avoir un pied sur la Russie et l'autre sur une des mosquées de Constantinople. Plusieurs

L'ENJAMBÉE IMPÉRIALE.

rois, grotesquement rangés au-dessous d'elle, ont des rouleaux sur lesquels est écrit ce que je suis honteux de transcrire :

« LE GRAND SEIGNEUR, est censé dire : — *Et moi aussi j'ai contribué à l'agrandir.*

« L'EMPEREUR. — *Pour moi, je n'ai rien à me reprocher de ce côté-là.*

« LE ROI DE PRUSSE. — *Peste, ce n'est pas là des ouvertures de paix.*

« LE ROI DE SUÈDE. — *Parbleu, elle n'avait que faire de moi; toute l'armée turque y passerait.*

« LE ROI D'ANGLETERRE. — *Par ma prérogative, il y a quelque chose là-dessous.*

« LE ROI DE FRANCE. — *Nous avons fait une bien autre enjambée.*

« LE ROI D'ESPAGNE. — *Au miracle!*

« LE PAPE. — *Mes chers fils en Jésus-Christ, voici un abîme prêt à vous engloutir.* »

A l'aspect de cette gravelure, traitée avec assez de finesse pour que des yeux innocents n'en soient point offusqués, Boyer gémit un peu trop vivement : « Ah! s'écrie-t-il, jetons un voile épais sur ces ineptes et sacriléges horreurs; encore quelque temps et le peuple français aura honte de les avoir tolérées! »

Cette indignation est au moins excessive et on y sent trop le royaliste d'accord avec les émigrés.

Boyer ne dit pas que la Révolution arrêta l'élan de Catherine II et que l'idée, caressée par la Russie, de faire de Constantinople une troisième grande ville russe, fut abandonnée par suite du mouvement révolutionnaire français.

Ce n'est pas seulement dans les descriptions de ces estampes qu'il faut chercher la caractéristique de Boyer de Nîmes. Il fit une trouvaille bien autrement importante, à ses yeux. Le premier, si je ne me trompe, il s'appliqua à donner un aperçu du rôle sourd et mystérieux des protestants sous la Révolution ; surtout il s'attacha aux pas des réformés nîmois, qu'il connaissait bien. Catholique excessif, ayant coudoyé ses adversaires dans la rue depuis sa naissance, Boyer portait aux protestants ses compatriotes une haine égale à celle des royalistes pour la franc-maçonnerie.

Le propre des gens écrasés par les révolutions est de chercher d'où part le coup qui les a frappés. Les émigrés imprimaient à l'étranger des livres et des pamphlets contre les sectaires du Grand-Orient, à qui ils attribuaient tous les maux de la France [1]. « Si l'auteur de différents ouvrages estimables sur la franc-maçonnerie, qui ont paru de-

---

[1]. Pour plus de détails au sujet de la franc-maçonnerie, voir mon *Histoire des faïences sous la Révolution*. 3e édit. 1 vol. in-18, E. Dentu, 1876.

puis un an, dit Boyer, avait été à portée de connaître comme moi la faction protestante, il n'aurait pas exclusivement attribué aux francs-maçons le honteux honneur d'avoir fait la révolution actuelle. Il aurait été persuadé, au contraire, que la franc-maçonnerie n'a été qu'un moyen dont les protestants se sont servis pour faire entrer dans leur parti les Italiens, les Anglais, les Allemands et toutes les nations, quelle que pût être leur religion. »

Boyer signale les francs-maçons comme agents de désordre, surtout lorsqu'ils sont poussés par les protestants. Ce jeu caché du protestantisme, l'auteur de l'*Histoire des caricatures de la Révolte des Français* lui donne une extension des plus considérables. A entendre Boyer, « c'est depuis le désastreux édit du mois de novembre 1787, qui accorde l'état civil aux protestants, que la France est livrée en proie aux factions, aux désordres et à l'anarchie. »

Qui lance des caricatures contre la royauté? Les calvinistes. Boyer l'affirme.

« Faut-il s'étonner que les protestants, ces dangereux novateurs qui ont fait un si grand nombre de révolutions, aient employé avec tant de soin et de constance les caricatures de tous les genres pour circonvenir le peuple et s'emparer ensuite de l'opinion publique? En effet, depuis *Calvin* jusqu'à présent, depuis l'*Apologie d'Hérodote* jusqu'au misérable drame de *Calas*, depuis les dessins grotesquement atroces qu'ils faisaient circuler du temps de la révolution de Hollande et de la Ligue..., ce moyen leur a servi encore à invétérer la haine dans le cœur de leurs fanatiques et en chasser les remords. Ils livrèrent Louis le Grand, Mme de Maintenon, le ministre Louvois, Bossuet, l'intendant Baville et l'abbé de Cheyla, qu'ils massacrèrent, au ridicule des caricatures, parce qu'ils étaient assurés qu'ils avaient tous contribué à la révocation du désastreux édit de Nantes; et ils y ont livré de nos jours le bienfaisant Louis XVI. »

Jusque-là Boyer n'émet que des accusations vagues contre une secte religieuse; il tient à préciser, et le premier adversaire qu'il met en cause est Necker. « Necker fit insinuer au peuple par ses agitateurs salariés et un nombre infini de caricatures, que la religion était incompatible avec la liberté et que c'était au moyen des prêtres aidés et soutenus par la noblesse que les despotes rivaient les fers des peuples. »

M. Necker faisant faire des caricatures contre les partisans de la royauté me paraît inattendu.

L'idée fixe de l'anti-protestantisme s'étant emparée de l'historien, né pour son malheur à Nîmes, Boyer voit des sectaires de la Réforme à tous les rangs de la société : « Il y a deux protestants dans le ministère : MM. *Dumoriez* (sic) et *Clavière*, et Mme *de Staël*, protestante, conduit, dit-on, les intrigues que son père ourdit dans sa terre de *Coppet*... L'Assemblée *constituante* comptait un grand nombre de protestants parmi ses membres; l'Assemblée *législative* en compte un plus grand nombre encore... Le nombre des employés protestants dans les bureaux est au delà de ce qu'on pourrait croire... Un des premiers saints canonisés dans l'Assemblée nationale est *Jean-Jacques Rousseau*, protestant; les deux autres étaient philosophistes... Le comité central du club des Jacobins est en grande partie composé de protestants, et ceux qu'on appelle des *enragés*, parmi les Jacobins même, sont protestants. »

Je passe une certaine liste de réformés hollandais et suisses incriminés par Boyer, et je continue par Philippe-Égalité : « M. d'Orléans, ce grand maître de toutes les loges des francs-maçons du royaume, avait plusieurs protestants à son service; l'un d'eux, M. *Pieyre*, est secrétaire de M. de Chartres, et les auteurs fanatico-dramatiques dont les pièces barbares ont influencé le peuple et prostitué Melpomène, sont protestants ou salariés par les protestants. »

Le dénombrement des réformés à Paris, leur influence dans les faubourgs, prennent dans la

cervelle de Boyer des proportions fantastiques :
« Le faubourg Saint-Antoine, qui s'est rendu fameux dans toutes les émeutes et surtout au commencement de la Révolution, est peuplé de plus de trente mille protestants... Les ouvriers de ce faubourg furent entretenus dans le désastreux hiver de 1788 par les consistoires protestants, qui leur firent fabriquer une grande quantité de meubles. Ces meubles furent ensuite expédiés pour être vendus dans les villes où il y avait des protestants. M. *François Amalric,* protestant, en reçut à Nîmes une très-grande quantité ».

En fils de sa province, Boyer n'est préoccupé que de rattacher étroitement Paris et Nîmes; par moments, Nîmes devient une véritable pépinière d'agents de la Révolution. « *M. de la Fayette* donna les principales places de la garde nationale parisienne à des protestants, auxquels les croix de Saint-Louis furent bientôt prodiguées : un entre autres, le sieur *Colomb,* de Nîmes, qui avait servi vingt ans dans le magasin de son père », etc.

Du côté des détails provinciaux, Boyer est intarissable. Il ne fait pas bon pour ses adversaires, s'ils ont été rencontrés par le journaliste dans sa jeunesse ou même s'il en a été question devant lui. Par hasard Boyer a-t-il pénétré dans une des pièces de leur appartement, il n'en omettra rien;

RIEN N'EST PLUS CERTAIN, ILS FILENT LEURS CORDES.
COURAGE, IL LEUR EN FAUT BEAUCOUP.

(D'après une estampe coloriée.)

l'honnête Rabaut Saint-Étienne l'apprit plus tard à ses dépens.

« M. Bailly, qui a joué un si grand rôle dans cette Révolution, était particulièrement lié avec *M. Rabaud Saint-Étienne,* envoyé des protestants à Paris en 1786 ; et c'est à M. Bailly que M. Rabaud adresse ses *Lettres sur une écriture primitive,* ouvrage déjà esquissé par *Court de Gébelin,* chef de la secte des économistes et protestant... On a observé que *M. de la Fayette* avait conservé des liaisons très-intimes avec le parti protestant depuis qu'il était revenu de l'Amérique anglaise, et qu'ayant fait un voyage à Nîmes quelque temps avant la première Assemblée des notables, il n'y avait vu que les chefs du consistoire des protestants... En 1786, *M. Rabaud* avait dans sa chambre, à Paris, le portrait en pied de *M. de la Fayette,* dans la bordure duquel il avait fait graver en grosses lettres d'or : Mon héros. »

On pense avec quelle jouissance Boyer (de Nîmes) donna dans son recueil des reproductions de caricatures dirigées contre Rabaud Saint-Étienne, celle entre autres ayant pour titre *les Coups de Rabot.*

« L'histoire de cette caricature, précédée d'un court préambule, la fera connaître assez pour qu'il soit inutile d'en donner une explication à part... Au devant de la porte du manége se trouve un établi de menuisier. Le calvinisme, personnifié dans la figure de *M. Rabaud Saint-Étienne*, rabote la constitution représentée sous l'emblème d'une pièce de bois très-longue et très-plate... Ce monstre, moitié homme, moitié serpent, porte le rabat et la robe d'un prédicant. Au bout de sa longue queue, dont il veut cacher le dard, se trouvent ces mots parfaitement caractéristiques : *Je suis rampant comme le serpent, mais j'ai plus de venin que lui...* Sur l'épaisseur du dessus de l'établi sont gravés cinq P, qu'il me serait sans doute difficile d'expliquer si la curiosité qu'ils excitèrent en moi, la première fois que je les vis employés sur la porte d'une maison particulière, à Nîmes, ne m'avait mis dans le cas de demander à un protestant ce qu'ils voulaient dire. Il me répondit que certains d'entre eux avaient coutume de les faire peindre ou graver sur leurs portes dans les provinces méridionales, et qu'ils ne signifiaient autre chose que : *Pauvre Peuple Protestant Prends Patience*. Mais comme ce *Pauvre Peuple* s'est soulevé tout entier et que la patience est maintenant inutile aux calvinistes, l'auteur de la caricature a écrit sur une des traverses de l'établi : *Les temps sont bien changés.* »

Rancunes provinciales bien injustes contre un homme modéré, plutôt royaliste constitutionnel que républicain, et qui, en pleine Convention, lors du procès de Louis XVI, devait prononcer

LES COUPS DE RABOT.

(D'après une gravure à la manière noire.)

de courageuses paroles. Après s'être élevé avec force contre la compétence de l'Assemblée, Rabaud s'écria : « Quant à moi, je vous l'avoue, je suis las de ma portion de despotisme ; je suis fatigué, harcelé, bourrelé de la tyrannie que j'exerce pour ma part, et je soupire après le moment où vous aurez créé un tribunal national qui me fasse perdre les formes et la contenance d'un tyran. » Nobles paroles qu'en 1793 il devait payer de sa tête[1].

Ce fut le défaut de Boyer le royaliste de méconnaître le patriotisme de certains de ses adversaires, défaut qu'on peut reprocher également aux imagiers révolutionnaires ; mais il faut pardonner à Boyer, aveuglé par ses passions politiques ; il montra du courage et joua sa tête résolûment. Si les attaques contre les protestants n'étaient pas dangereuses, la défense de Louis XVI le fut.

Sur la fuite du roi, en juin 1791, Boyer note quelques détails touchant les images qui affluèrent alors : « L'époque du départ de Louis XVI

---

1. A s'en rapporter à la *Biographie des contemporains,* de Rabbe, Boyer ne fut pas étranger à la mort de son compatriote. « On a accusé Boyer d'avoir révélé au Comité de sûreté général l'asile de Rabaud-Saint-Étienne, alors mis hors la loi. » Cette allégation est grave mais logique. Combien la discorde, dans les guerres civiles, souffle de sauvages pensées dans l'esprit des citoyens qui, en d'autres temps, eussent été bons et humains, c'est un point sur lequel il serait banal d'insister, tant les exemples sont nombreux.

pour Montmédy est celle qui a donné naissance au plus grand nombre de caricatures, parce que les factieux crurent devoir saisir cette occasion pour achever d'arracher au roi l'amour et l'estime de son peuple. »

Après le retour de Varennes, le bruit se répandit dans Paris que la famille royale projetait une nouvelle fuite par les égouts ; des grilles de fer furent alors posées, par ordre de la municipalité, aux diverses issues. Le burin populaire traduisit les soupçons de la foule, et il en résulta la caricature de *l'Égout royal*, que je me reprocherais de reproduire et dont Boyer a dit : « On y voit la reine, tenant d'une main monseigneur le Dauphin et de l'autre une torche allumée, marcher au-devant du roi, que *Madame Élisabeth, Madame Royale, Madame* et *Monsieur* suivent pas à pas en se traînant dans l'ordure et étant obligés, en raison de la forme de l'égout, de se tenir d'une manière aussi indécente que révoltante pour la pudeur. »

Les reproductions de semblables images, que donnait l'écrivain royaliste dans son ouvrage, n'avaient pas pour but de satisfaire la curiosité de ses contemporains. Boyer croyait faire naître un sentiment d'intérêt pour la famille royale : « Ce n'est, disait-il, qu'en montrant combien est hideux le vice, qu'on parvient à le faire détester et à inspirer de l'amour pour la vertu. »

De là les scrupules de Boyer, en commentant les estampes du jour. « Fais-je bien, dit-il, de tracer ces lignes, ai-je tort de conserver cette affreuse caricature? Mon embarras est à son comble. Ah! que n'ai-je quelqu'un auprès de moi pour m'arracher la plume si je fais mal!... »

Il parle de la haine que lui inspirent « les factieux qui, pour servir d'odieux et anarchiques projets, égarent des artistes jusqu'au point de tirer de leur crayon ou de leur burin de semblables monstruosités ». Et il ajoute : « O vous, qui ne rougîtes pas de les produire et de prostituer ainsi votre talent, si vous eussiez éprouvé en les fesant la poignante inquiétude qui maintenant me dévore, jamais elles n'auraient vu le jour! »

Sous la forme déclamatoire particulière à l'époque, voilà des paroles d'honnête homme. Mais que peut une conscience délicate au milieu de ces trombes populaires qui renversent tout sur leur passage!

La persistance des attaques de Boyer contre la Révolution devait avoir un terme. Du jour où il fut arrêté et conduit devant le tribunal révolutionnaire, son sort était fixé. Il fut condamné à mort le 20 mai 1793. Les documents manquent sur sa défense; elle dut être courageuse, à prendre pour terme de comparaison la lettre écrite un an plus tard, jour par jour, au Comité de sûreté générale de la Convention par une femme qui aimait le journaliste et ne pouvait se consoler de sa perte :

« Vous avez condamné à mort Boyer. Pourquoi l'avez-vous condamné? Parce qu'il aimait son Dieu, sa religion catholique, apostolique et romaine, et son Roi... Eh bien, vous n'avez pas puni tous les coupables; vous saurez que depuis quatre ans que Boyer a fait tous ses ouvrages, j'ai été de moitié associée avec lui dans tout ce qu'il a fait; qu'il était mon ami, que je pense comme lui et que je ne puis vivre sans lui sous un régime comme le vôtre, où on ne voit que des massacres et des pillages. Avant la mort de mon ami, je souffrais patiemment les maux que j'endurais parce qu'il me consolait, que j'aspirais que nous eussions bientôt un roi et que nous nous vengerions de tous les maux que vous nous avez fait souffrir; mais à présent que je n'ai plus rien dans le monde, puisque j'ai perdu mon ami, frappez, terminez une vie qui m'est odieuse et que je ne puis supporter sans horreur.

« COSTARD. (Le mot est écrit avec du sang).

« *Vive le Roi! vive le Roi!*

Le 20 mai 1794.

« *P. S.* N'ayez pas l'air de croire que je sois folle; non, je ne le suis pas; je pense tout ce que vous venez de lire, et je signe de mon sang.

« Vous me trouverez à la maison de santé, rue de Buffon, n° 4 [1]. »

C'est la Lucile de Camille Desmoulins avec plus de fanatisme. La lettre de Mme Costard achève de peindre l'écrivain nîmois, auquel une place devait être réservée dans l'*Histoire de la Caricature sous la Révolution*. N'est-il pas le premier qui ait eu

---

1. Archives nationales, carton W 374, dossier 835.

l'idée que ces feuilles volantes avaient un intérêt?
L'homme a disparu; son livre également. Son por-

BOYER-BRUN.

(D'après un portrait au physionotrace.)

trait ne compte pas parmi ceux des victimes marquantes de 1793; le voici d'après une image de l'époque conservée précieusement dans sa famille[1].

1. M. P. Soleillet, de Nîmes, a bien voulu me communiquer cette rare estampe, appartenant à l'arrière-petit-fils du journaliste, M. Ferdinand Boyer, actuellement représentant du Gard à la Chambre des Députés.

CHAPITRE XII.

LE ROI — LA REINE

Jusqu'à la fuite à Varennes la royauté fut à peu près respectée par le peuple.

Si le tiers-état, dès le début, annonça que la nation avait « le droit de tout ordonner », le sentiment des provinces était encore favorable à la puissance royale. Dans leurs cahiers, les Bordelais protestent de leur amour et de leur fidélité pour le roi, parce qu'il a donné « l'exemple bien rare d'appeler son peuple à la liberté ».

« Nous sentons vivement, disaient les Nantais, tout le prix du bonheur que nous prépare un roi qui ne veut régner que sur un peuple libre. »

L'entrée de Necker au ministère apaisa plus d'un ressentiment. Le libéralisme de l'homme d'État, alors si populaire, protégeait la royauté.

Diverses médailles furent frappées en l'honneur de Louis XVI et de son ministre, « l'un et l'autre ayant brisé les fers de la nation[1]. ».

« L'amour de Louis XVI, du roi bienfaisant, du meilleur des rois, disaient les citoyens de Bar-le-Duc, est devenu l'unique sentiment des Français ; ses peuples des campagnes semblent avoir oublié tous leurs maux pour s'abandonner aux transports que ses bontés font naître. »

Tels étaient alors les sentiments des gens de l'Angoumois : « Puisque le roi se rapproche de son peuple, le peuple est prêt à tous les sacrifices pour soutenir son bien-aimé roi, afin qu'il finisse son chef-d'œuvre commencé et jouisse de toute sa gloire. »

Dans le bailliage secondaire de Nancy, les trois ordres se sont réunis « sous l'empire des sentiments d'affection réciproque, d'intérêt commun et surtout d'amour sans bornes pour le roi et pour la patrie ».

En ce moment Louis XVI savait ce que voulait son peuple. Il communiquait directement avec lui et n'ignorait rien de ses vœux et de ses espérances. Le danger, qui était imminent pour la royauté, pouvait être conjuré : la fuite à Varennes

---

1. Cahiers de Vannes.

prouva un affaissement moral qui, dans la position où le sort place les souverains, est une faute grave et creuse des abîmes profonds.

Un roi qui abandonne ses sujets n'est plus un roi. Les événements étaient menaçants, sans doute. Est-ce que les tribunaux maritimes ne condamnent pas un capitaine qui abandonne son navire, laissant les passagers exposés à une mort certaine qu'il eût pu conjurer avec du sang-froid ? Fuir n'eût été qu'une déchéance si Louis XVI, se dépossédant lui-même, s'était retiré, lui et sa famille, dans quelque retraite tranquille; mais le souverain fuit pour retrouver les émigrés : il va les renforcer, prêter la main aux puissances étrangères qui menacent d'envahir la France.

Déjà en mars 1791 le roi ayant juré la Constitution, poussait l'empereur d'Allemagne à marcher sur Paris. La convention du 20 mai 1791 entre l'empereur d'Allemagne, Louis XVI et le comte d'Artois a été, depuis, rendue publique.

Trente-cinq mille Autrichiens entreraient en juillet dans le nord de la France; quinze mille Allemands s'empareraient de l'Alsace; quinze mille Sardes prendraient pied dans le Dauphiné; le Languedoc serait occupé par vingt mille Espagnols; vingt mille Suisses tomberaient sur la Franche-Comté.

De Calonne, négociateur de cette invasion, l'écrivait au roi et à la reine qui, appuyés sur cent mille étrangers, ressaisiraient le pouvoir, « sauf au roi à en user comme il lui conviendrait », disait le protocole.

C'était ce plan criminel qu'il s'agissait d'exécuter. On l'ignorait alors; aussi la stupeur fut-elle grande en France quand le peuple apprit la fuite du roi. Il n'y avait pas à cette heure un cœur qui ne battît à l'unisson. « Louis le traître est en fuite! » Tel fut le cri des citoyens.

Mais avant l'indignation publique plana d'abord un grand sentiment de tristesse. La France semblait voilée par un crêpe; chacun portait le deuil, non point tant parce que le roi avait abandonné ses États, mais parce qu'un tel départ laissait prévoir d'irréparables catastrophes.

La stupeur avait fait place à la tristesse; la colère succéda à l'abattement.

C'est principalement sur des feuilles de papier grossières qu'ont été consignées ces colères. Le peuple ne connut plus de mesure. Le roi devint un tigre, Marie-Antoinette une hyène. Ces caricatures, quelle que soit leur brutalité, contiennent un sens. Louis XVI était bon, doux, humain. De semblables qualités rendaient encore plus sensible un acte inqualifiable qu'aucun des événements qui le précédèrent ne peut justifier.

Nous avons vu plus d'un roi, au milieu des soulèvements de la rue, quitter son peuple, sentant que son peuple le quittait; mais celui qui eût arrêté le départ de ces rois dépossédés eût été mis au ban de la nation. La vie des derniers rois en exil, Charles X, Louis-Philippe, désarma les passions. On ne connaît pas une bonne caricature contre Charles X à Holy-Rood, contre Louis-Philippe à Claremont.

Louis XVI arrêté, une ironie cruelle s'empare de la France tout entière, et cette ironie est constatée par des planches où les propos des halles, les injures, les menaces éclatent au bas des légendes. Le peuple était déchaîné. Mais qui avait brisé la chaîne?

On a connaissance, par Boyer, de certains détails sur la guerre acharnée que faisaient les imagiers à la famille royale.

« Jamais on ne vit répandre avec tant de profusion les caricatures contre le roi et la famille royale que dans la quinzaine qui précéda la honteuse journée du 20 juin 1792 : un an auparavant, quelques-unes de ces caricatures avaient été exposées par les marchands d'estampes dans toutes les rues et sur tous les quais de la capitale; mais depuis lors, leur nombre s'était si prodigieusement accru et était devenu si considérable, qu'on en trouvait de différentes dans presque tous les étalages... Lorsque les jacobins voulaient frapper quelques grands coups, émouvoir le peuple, ils fesaient fabriquer les caricatures, payaient le graveur, l'imprimeur, le papier, et les marchands les répandaient par intérêt. »

Une caricature anglaise, toute prête sans doute, montrait *l'Assemblée nationale pétrifiée* en apprenant le départ du roi. Les constituants, travestis en goujats, en savetiers, font d'affreuses grimaces, sentant déjà la corde au cou! On en grava aussitôt un pendant : *l'Assemblée nationale revivifiée,* dans laquelle un ramassis d'hommes en guenilles hurlent de joie en montrant leurs dents d'ogres.

Les premières caricatures sur l'affaire de Varennes eurent d'abord trait à la fuite et à l'arrestation. *L'Emjambée de la sainte Famille des Thuileries de Paris à Montmédy,* — *les Derniers hoquets de l'aristocratie* ou *Datte du 21 juin,* — *Au lieu d'un Trésor, ne voici qu'un Gros Sou et quelque mauvaise pièce,*— *Trouvaille du 21 juin,* sont des pièces à la surface desquelles bouillonne la colère du peuple.

Louis XVI, doué du traditionnel appétit des Bourbons, fut représenté arrêté à table à Varennes, sous ce titre : *le Gourmand.* « Les gros oiseaux ont le vol lent », disait la légende (voir p. 203).

Une grande image existait déjà ou plus probablement fut faite aux environs de cette date : *Le ci-devant grand couvert du Gargantua moderne en famille*, double allusion à l'appétit du roi et à l'oppression aristocratique. Bouillé, « *le boucher de Nancy* », y figure comme échanson et la reine parle de se désaltérer avec du sang français.

Combien tout cela nous paraîtrait moins injuste, si, gens du Tiers, nous avions vécu alors et que nous eussions senti la menace des souverains allemands qui s'armaient, disait le peuple, à l'appel de leur sœur et cousine! Mais aussi combien il nous est difficile maintenant de nous remettre au ton de ces planches excessives!

Je citerai, quoique plus subtile que significative, la gravure : *Trait de l'histoire de France du 21 au 25 juin 1791* ou *la Métamorphose*. Louis XVI en Silène assis sur un tonneau, dans un char traîné par des écrevisses et précédé d'un courrier qui tourne dans une cage d'écureuil.

Robespierre jaillit soudainement pour ainsi dire à cette affaire du 21 juin. Membre de la Constituante, il avait souvent parlé. A ce moment, les royalistes pressentirent l'homme. Il demanda la mise en jugement du roi et de la reine! N'est-ce pas un *garde à vous!* royaliste que cette gravure qui parut aussitôt : *le Nouveau Calvaire* où le roi est crucifié

LE GOURMAND.

et où Robespierre à cheval sur la Constitution lui tend l'éponge vinaigrée (voir p. 231)?

Robespierre était, en effet, à cheval sur la Constitution. L'Assemblée constituante avait décrété que tous les fonctionnaires publics, le roi en tête, seraient tenus à la résidence sous peine de déchéance.

Quant à la déchéance morale du roi, elle fut telle, qu'une grande huée sur sa faute s'éleva de partout. Une interminable série de caricatures plaisanta cette fuite si maladroitement conduite. On représenta Louis XVI en aveugle, en enfant, en fou, brisant ses jouets, payant les vers qu'il casse, jetant son sceptre et sa couronne, portant une cruche pour tête, échangeant sa couronne pour la perruque de son déguisement. Dans une allusion à ce déguisement, le roi fut peint mi en serrurier, mi en valet de chirurgien, disant : *Je fais mon tour de France.* En serrurier il voulait river de plus près les fers de la nation, en frater mieux la raser.

Il jouait aux échecs avec le peuple et perdait la partie. Puis c'étaient *Louis le faux; ci-gît Louis le faux.* Dans l'une des plus singulières de ces images, la Renommée, trompette au derrière, renverse le buste du roi, tandis qu'à côté le buste de Voltaire, « homme immortel », rayonne de lumière.

A un garde national en faction auprès d'une grande pièce d'or à l'effigie du roi, un passant demandait : « *Que faites-vous là ? — Je garde une grosse pièce dont on ne veut plus. — Fondez-la, vous y gagnerez toujours.* »

Une autre image montrait ironiquement le respect ridicule de la royauté par l'*Adoration des patriotes à l'aspect d'un gros Sou dessiné en France d'après nature, l'an III sans argent de la Liberté.*

La grossièreté s'en mêla. Ce furent de nombreuses comparaisons entre les animaux les plus immondes et la famille royale. La reine-tigresse et le roi-bélier concoururent à la composition d'un animal monstrueux soudé à la moitié des deux corps.

La Boîte à Pandore reproduisait l'effet désagréable produit en France par le cadeau de l'Autriche à la France. Ailleurs, Marie-Antoinette était dans un puits, sa mère en deuil lui disait : *Que faites-vous, ma fille, quel désespoir ? — J'étais altérée du sang des Français. N'ayant pu éteindre ma soif, mon désespoir m'a plongée dans ce puits.*

La fuite du roi a été rejetée sur Marie-Antoinette. Étrangère, ses vœux devaient se porter sur un appui étranger. Elle n'était pas devenue assez Française pour savoir dans quel trouble le départ de Louis XVI jetterait une nation si vibrante !

LES TUILERIES.   LE SANS-CULOTTE.   LE DINDON.   LA LOUVE.   LES LOUVETEAUX.   LE TEMPLE.
Les animaux rares ou la translation de la famille royale au Temple.

En ce moment un nouvel acteur se révéla, ardent, passionné, faible, injuste, qui se prononça plus encore contre l'entourage royal que contre le roi. La femme du peuple, jusque-là n'avait pas joué grand jeu dans l'imagerie révolutionnaire, si on excepte quelques pièces symboliques sur le tiers-état. Pour faire pendant au laboureur succombant sous le poids des dîmes perçues par la noblesse et le clergé, des imagiers avaient représenté la femme du peuple, portant sur son dos une religieuse et une grande dame (voir grav. p. 215); mais ce symbole était moins saisissant que celui qui s'appliquait à l'homme.

Les révolutionnaires d'alors n'admettaient pas la coopération de la femme à leur politique vigoureuse. Une Théroigne de Méricourt passait pour plus dangereuse qu'utile. Et il ne faut pas oublier le discours éloquent que Chaumette prononça, sur le rôle des citoyennes réclamant trop impérativement l'exercice de leurs droits civiques.

La femme toutefois entra en scène après la fuite à Varennes. Sentant vivement, elle fut remuée par la grande catastrophe qui s'annonçait. Et si les cris des femmes du peuple furent violents à la rentrée du roi, c'est qu'elles avaient réellement honte pour ce monarque si faible qui épousait les griefs de « l'Autrichienne ». Les femmes, sans pitié pour leur sexe, dont elles connaissent la ruse et la faiblesse, jugeaient sévèrement Louis XVI coupable d'avoir écouté la reine. Elles sentaient qu'une influence féminine avait décidé la fuite à Varennes et que l'orage avait été amoncelé par une main de femme.

VENTRE ST-GRIS, OU DONC EST MON PETIT-FILS LOUIS!!
D'après une image en couleur.

CHAPITRE XIII.

VILLENEUVE LE GRAVEUR.

Excitée, la colère du peuple fut longue à apaiser. De là ces images où le symbolisme aboutit à des piques, à des têtes coupées, à des potences que les reverbères fournissaient à chaque coin de rue. Les intentions comiques de la caricature de cette période révolutionnaire sont remplacées par des idées de vengeance : c'est ce qui lui donne l'aspect si particulièrement âpre et sombre qui fait que la coloration s'en loge à jamais dans les yeux; cependant il s'échappe de quelques-unes de ces feuilles une conviction patriotique qui fait oublier leur sarcastique dureté. Ce ne sont pas encore des caricaturistes de profession; les gens qui indiquent ces jugements en traits sommaires sont des imagiers presque aussi naïfs que ceux du moyen âge. Comme au moyen âge, leur dictionnaire est restreint. La caricature alors n'a pas fait de pas vers l'art; elle est aux mains du peuple et ce sont des bégayements que le crayon populaire balbutie.

Si pourtant on trie ces feuilles volantes, on en trouve de deux espèces, les unes inspirées par les événements du jour et traduites par des burins inhabiles : ce sont les plus vraies, celles qui font connaître l'état des esprits, l'habileté dans les arts servant trop souvent de manteau à la convention et au mensonge. D'autres furent exécutées par des graveurs en renom, et parmi ceux-là il faut compter le terroriste Villeneuve, qui, particulièrement, poursuivit de sa rage la famille royale.

Villeneuve était éditeur de gravures et graveur lui-même, rue Zacharie-Saint-Séverin. On lui doit la *Collection générale des Caricatures sur la Révolution française de 1789*[1].

Ses estampes à la manière noire sur fond rouge indiquent qu'il avait fait certaines études. « Il gravait au lavis et en couleur, d'une façon quelquefois fine et soignée, d'autres fois négligée et dure », dit M. Renouvier, l'historien de *l'Art répu-*

---

1. Titre gravé sur une certaine quantité de feuilles satiriques et symboliques, sorties du magasin de Villeneuve ; titre sans doute factice et ajouté après coup, car, malgré mes recherches, je n'ai jamais vu cet œuvre complet, et la Bibliothèque nationale, dont les richesses en estampes historiques sont considérables, ne possède que des feuilles détachées de cette collection.

blicain. Mais l'esprit de vengeance ensanglanta le burin de Villeneuve.

Ici on n'a plus affaire à un pauvre artisan qui, à la hâte, burine une estampe nécessitée par les événements de la journée. Ce Villeneuve patient exécute — au pointillé — des scènes sanglantes, sans impétuosité ni emportement. Quand il représente une tête coupée de la famille royale, il vit des journées entières en face de cette atroce représentation ; aussi ce burin à froid laisse-t-il froid. Le calcul a trop de part dans ces sanglantes imaginations, qui pouvaient plaire au seul Marat. Villeneuve, avec son burin, a coupé presque autant de têtes que l'autre en demandait.

Villeneuve, à qui a manqué l'illustration du *Père Duchêne,* semble n'avoir vu dans la Révolution que guillotine et têtes coupées. Une estampe représente la rouge machine, menaçante pour les modérés. « *Avis aux intrigants!* s'écrie la Guillotine. *Traîtres, regardez et tremblez; elle ne perdra de son activité que quand vous aurez perdu la vie.* »

Une autre caricature atroce, du même auteur, s'adresse au roi : « *Louis le traître, lis ta sentence!* » Une main vengeresse trace sur un mur historié d'une guillotine une légende, semée de sentiments patriotiques et de fautes d'orthographe.

Villeneuve avait la manie de la hache et du billot.. L'une de ses estampes, qui a pour titre : *Matière à réflexion pour les jongleurs couronnés,* représente une tête coupée et dégouttant le sang ; dans la main du bourreau une longue légende extraite des écrits de Robespierre ; en vedette, le bonnet et le triangle.

La réception de Louis Capet aux enfers, autre sinistre composition, a pour écusson une tête coupée.

Aux mânes de nos frères sacrifiés par le traître. Ecce Custine. Tête dans la main du bourreau.

Pour terminer cette sinistre et trop longue nomenclature : *Appel au diable par les corps sans tête sur les jugements de Dieu.* Le roi, la reine, le dauphin, la tête sous le bras, se présentent devant Minos.

« *Infâmes scélérats, monstres affreux,* s'écrie-t-il, *vous n'êtes pas seulement dignes des enfers !* »

Ce Villeneuve fit école. Un de ses imitateurs, nommé Louvion, publiait, en manière noire également, *les Tableaux d'histoire naturelle du diable, chapelet des révolutionnaires,* avec la légende :

> Ce mélange est affreux, mais il est nécessaire :
> Mort terrible aux tyrans, périsse l'arbitraire.

Il suffit d'indiquer aux chercheurs, qui ne veulent rien ignorer, ces abominables estampes qui donnent trop raison aux récriminations des honnêtes gens. Je ne reproduirai pas de pareilles gravures ; elles ont pourtant leur utilité.

IL FAUT ESPÉRER QUE CE JEU-LA FINIRA BIENTÔT.

(D'après une estampe coloriée.)

En regardant les feuilles méticuleuses et ensanglantées du marchand de gravures de la rue Zacharie, qui ne serait poussé vers les régions idéales où apparaît, enveloppée de voiles poétiques, la figure de la République telle que la comprenait Prudhon. En dehors des rancunes et des récriminations, des huées et des appels au meurtre, se tient une République calme, inaltérable et douce, à qui Fénelon et l'abbé de Saint-Pierre eussent donné la première place dans leurs utopies pacifiques. Cette République, comme le Christ, appelle à elle les enfants des nouvelles générations, leur enseigne la fraternité, la morale, la paix, et s'éloigne dans de plus calmes atmosphères quand, se servant de son nom, les hommes s'injurient, se combattent, se massacrent.

Les hideuses représentations de Villeneuve et de ses imitateurs donnaient trop raison aux royalistes, dont les sentiments sont exprimés par un article de Mallet du Pan : « Ces estampes se distinguent par un caractère particulier de platitude et de férocité. Rien de plus éloigné de l'esprit français et de l'*humour* qui rend très-piquantes les caricatures anglaises. Celles qu'on étale sur les quais rappellent les Vandales[1]... ».

---

1. *Mercure*, août 1790.

Un esprit fin, délicat, sans préjugés quoique abbé (il était Napolitain), Galiani, l'ami de Diderot et des encyclopédistes, avait prévu les excès de la Révolution. « Dieu nous préserve, disait-il, de la liberté de la presse établie par édit ! Rien ne contribue davantage à rendre une nation grossière, à détruire le goût, à abâtardir l'éloquence et toute sorte d'esprit. »

De la liberté de la presse, en France, Galiani pense comme Gœthe : « Savez-vous, dit le Napolitain, une définition du *sublime oratoire?* C'est l'art de tout dire sans être mis à la Bastille, dans un pays où il est défendu de rien dire. Si vous ouvrez les portes à la liberté du langage, voici les remontrances qu'un parlement fera : *Sire, vous êtes un s... j... f...* »

Galiani ne s'était pas trompé. Le journal d'Hébert lui donne raison.

Il ne faut pas croire pourtant que les révolutionnaires, malgré leur amour de la liberté, ne s'inquiétassent pas de pareilles estampes, qui entretenaient dans l'esprit du peuple le souvenir de tableaux sanglants.

Dans une séance de la Commune, du 28 germinal an II, Jault fit une motion contre les tendances de ces images. Jault, sans doute, avait en vue Villeneuve et le magasin de la rue Zacharie, qui inondait Paris de ses horribles représentations.

Villeneuve devait finir par graver des images de

FIGURE ALLÉGORIQUE DE LA RÉPUBLIQUE.

(D'après Prudhon.)

piété et le portrait de Louis XVIII ! Rien de plus dangereux que les lièvres dans les époques de trouble : ils se font bourreaux pour ne pas devenir victimes. Craignant de paraître modérés, ils porteraient volontiers des têtes à la boutonnière, et le trop de zèle entraîne ces moutons à des monstruosités qui plus tard servent de pièces à charge dans les procès parfois injustes faits à une époque.

(D'après Prudhon.)

CHAPITRE XIV.

LES HOMMES EN VUE — ROBESPIERRE ET MARAT.

Ce ne sont pas les hommes les plus marquants de la Révolution qui ont subi les atteintes de la parodie : il arrive parfois qu'une figure en apparence effacée soit tirée des arrière-plans et devienne le pantin favori de la foule, celui dont les grimaces significatives représentent plus particulièrement les tendances politiques des divers groupes, qui s'appellent, suivant le dictionnaire du moment, feuillants, royalistes, noirs, fayettistes, constituants, chouans, et forment opposition aux fédéralistes, aux girondins, aux rolandistes, aux hébertistes. Comme les esprits naïfs, le peuple aime les couleurs voyantes, le rouge, les tambours, et les meilleurs orateurs à ses yeux sont ceux dont l'organe rappelle le clairon.

Les hommes sensés, à demi-mesures, qui comp-

LA BALANCE DES ABUS.

1. Condorcet. — 2. Villette. — 3. Barère. — 4. Couthon. — 5. Brissot. — 6. Clavière. 7. L'abbé Fauchet en chemise. — 8. Isnard. — 9. Lecointre. — 10. Chabot.

tent le nombre de pas en avant et n'avancent qu'avec précaution ; les masses s'en préoccupent médiocrement. Voici une estampe ingénieuse qui fut imprimée au début de la Révolution, *la Balance des abus*. L'idée est voyante, mimique pour ainsi dire : dans les plateaux de la balance, le mauvais l'emporte ; il faut que le bon prenne sa place. Le dessinateur n'a pas oublié les efforts des acteurs qui emploient leurs forces à opérer le renversement de la balance : leurs noms sont inscrits au bas de l'estampe ; mais qu'est-ce que l'abbé Fauchet, Isnard, Clavière, Condorcet, etc., pour le peuple ? De simples manœuvres employés par la Révolution, des pygmées qui courent le risque d'être écrasés par le fardeau qu'ils soulèvent, et qui, après tout, n'inspirent pas d'autre intérêt que les ouvriers des ateliers dont la vie est abrégée par le maniement de substances dangereuses. Peu de chose, en réalité, que les hommes accrochés aux flancs des chevaux fougueux des Révolutions ! Aussi ceux que la foule acclame doivent-ils regarder philosophiquement et sans cesse le Panthéon et l'égout, deux lieux de sépulture qui se touchent.

On voit un certain nombre de personnages considérables appelés à la barre du tribunal de la satire. La Fayette, par exemple ; mais ce tribunal comporte diverses cours et des juges de toutes les nuances.

« M. de La Fayette est comme une chandelle qui ne brille que chez le peuple et pas en bonne compagnie », est un mot qui a été dit non pas rue Saint-Jacques, mais par un royaliste. Ce trait qui sent son Rivarol, dénote d'où il part. Le peuple n'est pas de nature à comprendre une telle épigramme; il lui faut une légende plus en rapport avec sa rudesse de sentiment.

En cette année 1793, où tant de sang patriotique fut versé, je trouve un caricaturiste qui n'a pas pardonné au malheureux Bailly les fusillades du Champ de Mars en 1791. Bailly meurt sur l'échafaud. Une estampe paraît : *l'astronome......, Ben observant les astres, se laisse tomber dans un puits.* (Voir page 236.)

Bailly avait prévu une telle fin; mais ce grand caractère, oubliant l'ingratitude de ses concitoyens, les bouleversements politiques inévitables, le sang versé, détournait les yeux de ce spectacle pour contempler les horizons nouveaux dont les fils des hommes de la Révolution devaient profiter.

« L'orage qui gronde en ce moment, écrivait-il, ne prouve rien sans doute, et fera tomber bien des feuilles de la forêt; il arrachera même quelques arbres; mais il emportera aussi de vieux immondices, et le sol épuré peut donner des fruits inconnus jusqu'ici. »

Malgré ces nobles pensées, Bailly n'inspira à la population parisienne, dont il était le maire, qu'un intérêt momentané. Encore un aiguilleur de chemin de fer qui essaye de s'interposer entre deux trains se rencontrant, et qui tombe écrasé sur la voie, sans pouvoir empêcher d'affreux malheurs.

A suivre la tendance que j'indique, certains hommes auraient dû remplir la France de la représentation de leur personnalité; mais le peuple, plus asservi qu'il ne le croit à l'idée d'autorité, n'entend pas que ses favoris soient en butte au sarcasme. On ne trouve pas, du vivant de Robespierre et de Marat, d'estampes irrespectueuses à leur endroit. Vis-à-vis de ces deux puissances, la caricature s'agenouille et se bâillonne elle-même. Robespierre et Marat sont vénérés, respectés, traités à l'égal des dieux. « Il faut une religion au peuple », disait un sceptique. Un mot profond. Si le peuple abat des statues, c'est pour en élever d'autres.

Les estampes relatives à Robespierre sont plus dogmatiques que satiriques, témoin la légende suivante :

> J'ai joué les Français et la divinité ;
> Je meurs sur l'échafaud, je l'ai bien mérité.

Robespierre ne joua pas la France; il ne se donnait pas la peine de tromper les hommes, et ni l'hypocrisie ni la duplicité ne peuvent lui être reprochées.

La légende suivante, quoique injuste et excessive, rendrait mieux, en la chargeant, la politique de l'homme : *Tableau du gouvernement cadavéro-faminocratique sous la tigrocratie de Robespierre.*

L'image ci-dessous porte une légende moins exa-

LA MARMITE ÉPURATOIRE DES JACOBINS.

(D'après une image en couleur.)

gérée et donne de l'état des esprits en France une plus juste idée que ces violences de langage. Même pendant les excès thermidoriens, ceux qui devaient en devenir victimes conservaient une bonne humeur qu'ont consignée dans leurs mémoires les gens échappés à l'échafaud.

Un bon mot suffisait pour faire oublier les grilles des cachots, et la description de l'image nouvelle qui circulait sous le manteau enlevait le souvenir aux futures victimes du crime qu'elles avaient commis de ne pas avoir fait preuve de pur jacobinisme. Cependant ces sortes de caricatures de bonne humeur sont rares. Je regarde une estampe d'un autre graveur qui a représenté Robespierre exprimant le sang d'un cœur dans une coupe, avec la légende tirée d'une tragédie de La Harpe :

Ce maître impérieux n'est plus qu'un vil coupable.

Impérieux, le mot est juste, et c'est ce caractère que les hommes n'ont pu pardonner au tribun, arrêté dans le développement de sa politique.

Une image symbolique représente le bourreau tenant quatre têtes coupées dont l'une est marquée des lettres R. B. P. avec la légende : *C'est ainsi qu'on punit les traîtres*. Ces initiales donneraient à croire que la caricature fut publiée quelques jours avant la chute du tribun, car après le 9 thermidor les caricaturistes montrèrent plus d'audace.

L'estampe ci-contre, qui représente Louis XVI crucifié, offre le détail curieux qu'elle est une des très-rares où Robespierre joue un rôle. C'est lui, en habit de moine, pour rappeler le club des Jacobins qu'il affectionnait, qui offre au souverain en croix l'éponge trempée de vinaigre. Il est à cheval sur un animal à tête humaine, chargé de représenter l'hydre constitutionnelle. Des femmes de la cour s'agenouillent devant le bourreau triomphateur, et si des jacobins regardent cette scène avec plus de curiosité que d'affliction, le vieux Condé tire son sabre pour défendre la royauté expirante.

Cette estampe, est-il besoin de le dire? part du camp royaliste et ne fut pas publiée pendant la dictature de Robespierre; si elle circula en France alors que l'avocat d'Arras exerçait sa toute-puissance, ce fut sous le manteau et pour ranimer le courage de quelques royalistes qui croyaient pouvoir soustraire Louis XVI à l'échafaud.

Il en est de même de l'image précédente (p. 228); ou ces estampes furent répandues en secret, ou elles ne parurent qu'après la chute du tribun autoritaire. Le danger que les auteurs de ces caricatures eussent couru, le peu de sympathie qui les eût accueillies dans le peuple, font admettre ces diverses hypothèses applicables également à Marat.

L' « ami du peuple » inspirait à juste titre une telle horreur, que ses quelques partisans furent poussés à un extrême enthousiasme de l'homme

LE NOUVEAU CALVAIRE.

Le roi mis en croix par les révoltés. — Monsieur et M. le comte d'Artois liés par les décrets des factieux. — Robespierre à cheval sur la Constitution, suivi de la gent jacobine, présente l'éponge imbibée du fiel des motions régicides. — La reine, accablée de douleur, sollicite une prompte vengeance. — La duchesse de Polignac. — M. le prince de Condé s'apprête à venger son roi.

pour faire contre-poids. Ainsi les historiens
et les graveurs ont donné de Marat des portraits très-divers, peints quelquefois au pastel,
le plus souvent à la manière noire. Tigre altéré de
sang suivant les uns, presque mouton suivant les
apologistes.

Combien il est délicat de se tenir dans l'entre-
deux, de faire son métier de peintre exact qui doit
prendre garde d'oublier les moindres feuilles de
cette boueuse couronne, dût-on ne plaire ni aux
détracteurs ni aux enthousiastes !

Marat fut homme de bonne foi. Les tourmentes
de son existence vinrent de sa maladie. Il arrivait
de la Suisse, ce pays des grands aspects de la
nature, qu'on croirait ne produire que des esprits
sains et qui pourtant avait déjà donné naissance à
un philosophe manquant absolument de philosophie dans ses relations avec les hommes.

Marat est malade comme Rousseau, malade d'orgueil, de misanthropie ; de tels natures sont dangereuses en temps de révolution, et on se demande
ce qu'eût pu devenir un Jean-Jacques dans une
époque aussi troublée que celle de 1792.

Les deux Suisses sont parents par l'inquiétude,
l'esprit soupçonneux, la défiance d'ennemis imagi-
naires ; mais Marat est autrement souffrant. S'il a
plus de vitalité que Rousseau par l'efflorescence de

son sang, les rapports que de loin en loin il entretient avec les hommes le rendent plus redoutable encore.

Lié avec Camille Desmoulins et Danton, il juge avec mépris l'esprit de l'un, les vices de l'autre. Tout pouvoir, il le tient en haine. L'ambition de Robespierre le gêne; les journalistes le gênent; les révolutionnaires, n'étant pas assez révolutionnaires pour lui, le gênent plus que les royalistes.

Il faut du sang, suivant lui, pour anéantir ces adversaires corrompus, beaucoup de sang pour régénérer la Révolution. Marat a la manie de faire des coupes sombres dans la société; il doit mépriser la machine du docteur Guillotin comme insuffisante.

Ce que Robespierre prétend réformer par la « vertu », Marat en voit la réalisation par le sang. Il eût admiré certainement l'invention mécanique qui, dans les boucheries en Amérique, abat d'un coup des milliers de têtes de porcs.

Pour avoir tant poussé à saigner l'humanité, Marat devait mourir dans un bain ensanglanté. Il est fâcheux toutefois qu'une exaltée, en lui plongeant le couteau dans la poitrine, lui ait tracé une sorte d'auréole momentanée. Marat, sans le drame combiné par mademoiselle de Corday, ne serait plus Marat. On verrait en lui un Quasimodo politique, un Caliban de faubourg qui, s'il n'eût pas été châtié par ses contemporains, fût mort dans un cabanon.

Ils se trompent ceux qui jettent Marat à la face des partisans de la Révolution. Marat ne la gâte pas, n'est pas la tache qu'on se plaît à agrandir. D'une cataracte jaillit l'écume, au fond d'un tonneau de vin généreux reste la lie. La chose la plus pure contient des immondices. Marat fut l'écume et la lie des passions populaires.

Parmi les acteurs du drame révolutionnaire sont des hommes qu'on peut comparer à de beaux vases, Marat, c'est le pot de nuit de la Révolution.

L' « ami du peuple » mort, on pourrait croire que toutes les flèches de la caricature seront lancées contre ce tyran. Il n'en est rien. L'assassinat de Marat redouble l'enthousiasme de ses partisans; avec Lepelletier et Challier, il forme une trilogie de victimes de la contre-révolution, qui sera honorée sous toutes les formes. La réaction ne se produit que tard et se change en fureur. Enlevés du Panthéon, les restes de Marat sont jetés à l'égout. Tels furent les actes qui empêchèrent la satire de s'exercer.

Marat n'a point été caricaturé en France. Les quelques pièces satiriques dirigées contre l'homme et son rôle politique parurent à l'étranger. Elles sont faibles de conception, faibles d'exécution.

Une seule, inspirée par la Danse des morts et publiée en Allemagne, représente Marat expirant et à ses côtés la Mort qui sonne avec joie la cloche à toute volée.

BAILLY.
(D'après une image en couleur.)

CHAPITRE XV.

LA RÉVOLUTION JUGÉE PAR GILLRAY ET ROWLANDSON.

I

Il est peu de collections d'estampes historiques où, à côté des images révolutionnaires françaises dont une trop considérable agglomération montre la pauvreté artistique, le curieux ne soit arrêté par de certaines feuilles violentes et accentuées qui font penser à une tranche de roastbeef saignant. C'est le côté particulier à l'Angleterre, en art comme en cuisine, de se montrer rouge, gros, nutritif et apoplectique. Ne sommes-nous pas des figures pâles en face de nos voisins dont le sang est injecté d'épaisses nourritures, d'apéritifs excitants et de dérivatifs qui veulent des estomacs de bronze?

Pourtant j'avoue mon faible pour la caricature

anglaise. A la regarder en bloc et superficiellement, on la juge grossière, en l'étudiant de près on y trouve des finesses faisant contre-poids aux violences, des délicatesses à la brutalité.

Celui surtout qui prendra pour type l'Écossais Gillray, dont les œuvres sont aujourd'hui si recherchées, aura une idée exacte et comme une essence de l'art satirique anglais. Si Gillray ne possède pas les aspirations moralisatrices d'Hogarth, s'il ne déroule pas son idée, comme le grand maître anglais, dans une conception développée tenant de l'art littéraire plus que du pinceau, il possède des qualités de détail que son prédécesseur eût enviées, et il est digne d'occuper une place à ses côtés.

Nous ne lui devons pas toutefois une vive sympathie; il aimait médiocrement la France, surtout la France de 1789 à 1800, et un de ces derniers biographes, Thomas Wright, dit de lui avec raison : « Gillray envisagea la révolution française sous un point de vue fort hostile; il prodigua les caricatures contre les Français et les hommes de leur gouvernement, ainsi que contre leurs amis ou leurs soi-disant amis en Angleterre, dans le cours de la période s'étendant de 1790 aux premières années du siècle actuel. »

Mais il faut savoir tenir compte à ses adversaires

de leurs qualités, et quand on compare les pénuries satiriques que les émigrés français opposaient de Londres aux violences parisiennes, on se dit que les défenseurs de la royauté ne surent pas se servir d'un grand artiste.

Gillray, né en 1757, peignit la société anglaise de son temps en traits accentués et de bonne humeur, quoiqu'ils respectassent encore moins les hommes que les institutions. Nature bien douée, si le démon satirique ne l'avait éloigné du terrain de l'art pur. L'homme possédait surtout un grand sentiment des physionomies qu'il n'eût pas mieux demandé que d'appliquer à la peinture de genre : il fut médiocrement encouragé dans cette voie. Lié avec le peintre français Loutherbourg, Gillray, en 1793, alla en sa compagnie visiter les Flandres. Le roi George III avait commandé aux deux artistes les motifs pour un tableau du siége de Valenciennes. Le peintre alsacien devait donner à cette scène les proportions d'un vaste paysage au milieu duquel son ami l'Anglais intercalerait des groupes de petites figures.

Au retour, les dessins furent soumis au jugement royal. Les motifs de Loutherbourg semblèrent clairs et agréables : il n'en fut pas de même des croquis de Gillray, quoiqu'ils fussent traités avec esprit et réalité. Les caricaturistes sont rarement bien vus en cour, et il semble que les grands préparent à plaisir leur châtiment en blessant l'amour-propre si délicat des satiriques. George III traita avec dédain les croquis de Gillray, mieux doué pourtant à tous les points de vue que Loutherbourg.

Le caricaturiste se vengea de cet échec, par des planches mordantes contre la famille royale. Son dépit porta d'autant plus coup que Gillray fit preuve de causticité envers celui qui l'avait méconnu. Une image parut peu après, représentant George III, qui se piquait d'être connaisseur en matière d'art et qui, ayant acheté un lot de miniatures, en prend une pour l'admirer à la lumière et reconnaît avec terreur le portrait de Cromwell ; comme les Anglais n'oublient aucuns détails, George III, très-avare, est représenté regardant la miniature à l'aide d'un méchant bout de chandelle. Cette caricature, publiée peu de temps après l'exécution de Louis XVI, n'était pas de nature à inspirer de riantes idées au roi d'Angleterre. L'ombre sanglante de Charles Ier dut se poser à ses côtés.

Dès lors, le roi et la reine ne purent échapper à la rancune légitime de l'artiste, rancune non pas légère et superficielle, mais profonde et aiguë. Les grosses chiquenaudes données par Gillray à Fox et à Burke, à Warren Hastings et à Sheridan, qu'é-

UN PETIT SOUPER A LA PARISIENNE.

(D'après une eau-forte de 1792, de Gillray.)

tait-ce à côté des traits satiriques lancés contre le prince? Les hommes à la tête du pouvoir, qui s'endorment avec la pensée qu'ils sont *Majestés*, n'aiment pas de tels horions, surtout quand ils partent de crayons comme ceux de Goya, de Gillray, de Daumier.

Thomas Wright appelle Gillray « le plus grand des caricaturistes anglais et peut-être de tous les caricaturistes modernes ». On peut le croire: Wright est un archéologue plein de mesure, qui traite la caricature en art graphique qu'on ne doit pas plus passer sous silence qu'une miniature de manuscrit, un vitrail d'église ou un incunable.

Je note dans l'œuvre de Gillray un détail qui peint bien ses sentiments antifrançais. Il avait dessiné le croquis d'un membre de la Chambre des communes, Tyrrel Jones, orateur populaire à qui la légende de l'estampe prête ces paroles : *Je suis un citoyen indépendant de la vieille Angleterre; je n'aime ni les sabots, ni les grenouilles, ni les Français. L'indépendance de l'Angleterre! De tout le reste je ne donnerais pas une prise de tabac!*

Ce personnage qui, entre autres choses, n'aime « ni les grenouilles ni les Français », est un des plus caractéristiques spécimens de tout Anglais d'alors. Quand éclata la révolution de 1789, dont les excès rappelaient trop vivement aux libéraux d'outre-Manche les mêmes scènes de révolte, de meurtre et de carnage qui s'étaient produites sous Cromwell, l'Angleterre entra dans le courant contre-révolutionnaire et se laissa entraîner à des exagérations que devait assombrir et rendre plus sinistres encore son satirique favori.

«Un petit souper à la parisienne», *A family of sans-culotts refreshing, after the fatigues of the day*, est le titre d'une estampe publiée en 1792 par Gillray. Un sans-culotte, assis sur le sac entr'ouvert de la *propriété de la nation*, d'où s'échappent des bijoux et une couronne royale, mange gloutonnement un œil qu'il vient d'enlever de l'orbite d'une tête d'homme servie sur un plat. En face de lui est attablé un autre jacobin écrasant de son poids le cadavre nu d'une jeune femme. A ces ogres se joignent des goules, qui, avec des dents de hyène, mordent dans un cœur humain. Les enfants, aussi altérés de chair fraîche que leurs sinistres parents, ont leur part de ce festin de cannibales. Sur le mur est tracé un bonhomme, chargé de représenter *Pétion*, avec cette légende : *Vive la liberté, vive l'égalité!* Ce personnage tient d'une main une hache et de l'autre une tête coupée. Sous un autre dessin charbonné sur la muraille, on lit *Lewis-le-Grand*. L'homme est décapité. Dans un coin de l'estampe une vieille arrose de jus un enfant qui rôtit à la broche près d'un large foyer.

Rarement un cauchemar hideux fut traduit par un tel crayon. Les exagérations de Gillray sont énormes comme ses gaietés, comme le coloriage qui les recouvre. Le satirique semble un boxeur qui prétend faire rire le spectateur à coups de pied dans le ventre. Une planche de Gillray fait penser à une scène d'Aristophane qu'on verrait représenter à travers la lentille de la plus grosse lorgnette de l'Observatoire. Mais si l'exagération est la dominante de l'artiste anglais, toutefois chaque partie de la composition est logique, et les lois de l'excessif n'étant violées en aucun endroit, la rouge raillerie prend une sorte d'harmonie lugubre, satisfaisante pour la nation anglaise, qui aimait à voir la Révolution ainsi représentée.

Injuste envers la France, le caricaturiste l'est presque toujours; mais il est injuste en même temps que sa nation : les préjugés sont encore une des formes du patriotisme, et en regardant l'œuvre de l'Écossais, j'essaye d'oublier que je suis Français.

La petite guerre que fit Gillray contre le général Bonaparte témoigne de vues politiques supérieures à celles d'un caricaturiste ordinaire; aussi a-t-on dit que Canning fournissait au peintre des motifs qu'il traduisait avec son crayon. Dès l'expédition d'Égypte, les Anglais avaient pressenti la soif insatiable du conquérant. Les officiers qui entourent Bonaparte, ses soldats sont traités avec encore plus d'exagération que les jacobins. Le petit homme jaune, à cheveux plats, est représenté ayant à sa solde une armée de pandours exorbitants et de féroces casse-noisettes...

Heureusement Gillray est également doué d'une grande bonne humeur quand elle a trait à des scènes de la vie domestique ; ce crayon, qui reproduit avec délicatesse les plus fines expressions de la physionomie humaine, fait penser aux spirituels croquis d'un Carmontelle. Tournez la page ; une ironie implacable, d'épais charbonnages dépassent les grossièretés de ruisseau des imageries de la Révolution française ; mais brutal ou délicat, Gillray, toujours habile metteur en scène, force le curieux à regarder par la netteté, la clarté de ses compositions.

Nul artiste en France, à cette époque, ne peut lui être opposé ; et ce sont seulement ses compatriotes et ses contemporains qu'on peut lui comparer.

Un rédacteur du *London and Westminster Review*, étudiant l'œuvre de Gillray, a décrit ainsi ses attaques contre Napoléon : « Le sobriquet sous lequel Napoléon est encore connu en Angleterre (*little Boney*), c'est à Gillray qu'il le doit. La curieuse série de peintures grotesques dans lesquelles le peintre a fait éclater sa haine et son ironie contre Bonaparte, commence par une caricature fort plaisante où le général, sous la forme de Gulliver, dégaîne l'épée contre George III qui le soutient dans la paume de sa main.

« En 1802, lorsque le conquérant menaça l'Angleterre d'une invasion, Gillray ressaisit son crayon, et lui donnant encore le costume et les proportions de Gulliver devant le roi de Brobdingnag, fit voir Bonaparte manœuvrant une escadre dans un bol de punch pour l'amusement de Leurs Majestés. Ces majestés gigantesques éclatent de rire, pendant que les petits polissons des rues soufflent dans les voiles de la flotte. Un fou rire s'empare de tous les assistants, y compris les gardes du roi qui retiennent leur haleine pour ne pas faire chavirer les embarcations. »

Une autre gravure spirituelle est intitulée *Tyddy*; c'est le nom d'un pâtissier fabricant de pain d'épice que Gillray charge de parodier l'empereur Napoléon. La gueule du *four impérial* est ouverte et laisse passer, avec des torrents de flamme, une nouvelle fournée de rois; les potentats de la Bavière, du Wurtemberg et de Bade avec leur cour, leur pourpre, leurs couronnes, leurs sceptres et leurs armoiries, apparaissent sur la grande pelle du boulanger, et l'or qui les couvre reluit sous l'éclat du feu que le patron attise. A terre, près d'un panier rempli de petits rois corses en pain d'épice, on voit épars une foule de principautés fragiles, duchés et comtés sans consistance. Les boulets de canon servent à entretenir le feu. Talleyrand, manches retroussées et bras nus, pétrit la pâte dont on va faire les rois de Pologne, de Hongrie, de Turquie et de Hanovre.

Un gros balai corse fait rouler dans le trou aux ordures des fragments de pain d'épice brisés qui se composent d'un vieux crâne fêlé et couronné, c'est l'Espagne; d'un vaisseau en débris, c'est Venise; d'une masse de petits morceaux sans cohésion, ce sont les Pays-Bas, et d'une tête de poupée endommagée, c'est la Suisse. On y voit aussi un bonnet de liberté souillé, une Hollande fort malade, une Autriche boiteuse, et un drapeau tricolore en lambeaux. Sur un des côtés de la scène, un casier muni de ses cartons offre pour étiquettes successives ces mots : *Rois et reines; Sceptres et couronnes; Lunes et étoiles.*

Enfin un carton ouvert contient les *petits vice-rois en pâte anglaise,* partisans anglais, vrais ou supposés, de l'empereur Napoléon.

On a, par un contemporain, l'impression exacte que les compositions de l'artiste exerçaient sur ses

JONH BULL ET LA FLOTTE DE L'EXPÉDITION D'ÉGYPTE.

(D'après Gillray.)

concitoyens : « Lorsque Gillray exposait pour la première fois ses caricatures dans la boutique de la rue Saint-James, n° 27, une foule considérable se pressait devant la boutique; les derniers venus étaient obligés d'attendre plus d'un quart d'heure, et lorsque la caricature était bonne, des cris de joie émanaient de cette foule enthousiaste qui se laissait aller aux impressions de la satire, au plaisir d'une raillerie ardente et inexorable. »

Sarcastique impitoyable, de l'école de Swift, Gillray devait terminer sa vie aussi misérablement que l'auteur du *Gulliver*. Le peintre devint fou. Tel est trop souvent le lot de ceux qui analysent ou regardent de trop près les folies de leurs contemporains.

II

Rowlandson, moins violent que Gillray, et qui, pour cette raison, ne jouit pas d'autant de réputation en Angleterre, est doué d'un charme particulier qui fait songer à la France.

Il semble en feuilletant son œuvre qu'on n'a plus affaire à un Anglais, mais à un de ces petits maîtres français que la Révolution n'empêcha pas d'étudier la femme : Fragonard, Debucourt, Boilly, etc. Comme eux et plus qu'eux Rowlandson aime les jolies filles, les belles chairs, les poitrines bien meublées, les jambes finement tournées; il les montre avec une certaine jouissance, et pourtant s'arrête au point où commence la grossière sensualité.

Rowlandson naquit à Londres en 1756. Son père était un riche marchand de la Cité qui se ruina dans des entreprises commerciales: mais il restait à l'enfant son oncle, qui avait épousé une Française, mademoiselle Chatellier. Après la mort de son mari, la veuve se retira à Paris, à la tête d'une certaine fortune.

La Française, qui chérissait son neveu dont elle avait reconnu les aptitudes, l'appela près d'elle, subvint généreusement à son éducation, à ses plaisirs, et le fit entrer dans un atelier pour perfectionner le goût du dessin qu'il avait témoigné dès sa plus tendre jeunesse. La bonne tante mourut et laissa toute sa fortune à son neveu. Rowlandson la dépensa rapidement en plaisirs de toute sorte : il n'en manquait pas en 1780. Le jeune Anglais dut se ruiner en galanteries, si je m'en rapporte à son œuvre. On dit qu'il aimait le jeu ; rien ne fait pressentir une pareille passion dans ses images : par un ensemble de productions n'est-il pas facile de préjuger de la faculté dominante d'un artiste?

Toujours est-il qu'à peu près sans ressources, Rowlandson retourna à Londres, continua ses études artistiques à l'Académie royale : il avait foi en son crayon.

Il débuta en 1784 par des caricatures sur la dissolution du Parlement et l'arrivée de Pitt au pouvoir. Rowlandson avait alors vingt-huit ans. En dix années son succès s'établit assez pour que l'éditeur d'estampes, Fores, inscrivît sur ses planches cet avis au-dessous de son adresse : « *Où l'on peut se procurer tous les ouvrages de Rowlandson.* » « Ce qui, dit un biographe de l'artiste, montre combien était grande la réputation du caricaturiste à cette époque. »

Je ne crois pas être sous le coup de l'illusion que produisent habituellement certains arts, c'est-à-dire du piquant, de l'imprévu et de l'accent que comporte la vue de l'œuvre d'un maître étranger; mais je ne vois aucun artiste de la seconde moitié du xviii° siècle français qui possède la fraîcheur, la jeunesse, l'humour aimable, particuliers à Rowlandson, et qui, de ces diverses qualités, fasse jaillir le comique et parfois un burlesque inattendu.

Les planches en couleur du dessinateur anglais

ont plus de liberté, de caprice et autant de réalité et d'esprit que celles de Debucourt[1].

Rowlandson avait sans doute gardé un souvenir sympathique de son séjour à Paris : aussi son œuvre nombreuse ne contient que d'innocentes railleries relatives à la France. Son tempérament britannique, même au moment où les deux nations étaient si profondément divisées, ne le poussa pas à d'injustes rancunes.

Je ne trouve à citer qu'un croquis parisien qui donne la mesure d'un insulaire tirant de notre langue des plaisanteries inattendues. Plusieurs femmes, célèbres par leur beauté, se faisaient alors remarquer dans les établissements publics du Palais-Royal, lieu de rendez-vous de toute l'Europe. Rowlandson, au bas d'un croquis de la fameuse limonadière du café des *Mille Colonnes,* l'appelle la « belle *liminaudière.* » Le mot est joli et bien d'un étranger.

La réputation de l'artiste s'étendait assez pour que Reynolds et West, présidents de l'Académie royale, aient jugé équitable de le mentionner dans leurs écrits sur l'art. Je ne connais pas ces attestations de grands maîtres; à défaut j'essayerai de donner la mienne.

---

1. On relevait alors, en France et en Angleterre, ces sortes d'estampes d'un coloris agréable, procédé dont le dernier représentant fut Henry Monnier.

De l'œuvre de Rowlandson ressort une vive sympathie pour la jeunesse et la beauté ; comme tous les poëtes, l'artiste donne raison quand même aux amoureux contre les Géronte et les Bartholo. Il prépare toutes les échelles pour aider les jolies filles à s'enfuir de leur cage, et c'est sous des traits ridicules qu'il peint les vieillards libidineux.

Il est une planche ayant pour titre *Sympathy* : une fille, dont le bourreau va fouetter les épaules nues, descend, tête basse, l'escalier d'une prison. Ce n'est pas seulement le luxurieux geôlier qui la regarde et dit : *Sympathy*, mais aussi Rowlandson.

« Une grande différence de manière, dit Thomas Wright, se remarque entre les premières et les dernières œuvres de Rowlandson, bien qu'elles portent toutes un cachet caractéristique sur lequel on ne saurait se méprendre. Dans celles-ci la grâce, l'élégance, sont plus rares ; les femmes avaient primitivement une délicatesse de traits qu'il paraît avoir mise totalement de côté plus tard. La jolie fermière, dans l'estampe du *Cochon de dîme*, nous fournit un échantillon de sa première manière de rendre les visages de femme ; et j'en puis mentionner comme un autre spécimen une gravure à l'eau-forte, publiée en 1793 sous le titre de *Curiosité anglaise ou l'Étranger décontenancé à force d'être regardé*. Un individu, en costume étranger, est assis aux premières loges d'un théâtre, probablement l'Opéra, où il devient l'objet de la curiosité de toute la salle. Les visages des hommes sont quelque peu vulgaires et grotesques; mais ceux des dames possèdent un très-grand degré de finesse. Cependant il paraît que Rowlandson n'était pas, de sa nature, un homme de mœurs bien raffinées ; et il se laissait aller aisément à des goûts vulgaires, et à mesure que ses caricatures devinrent plus exagérées, ses femmes deviennent de moins en moins gracieuses. »

Il arrive fréquemment que la manière des maîtres s'accentue vers les dernières années de leur vie; ce signe d'une puissance de crayon, cette constatation de la pleine possession d'eux-mêmes, choquent les gens de demi-mesure; je crains que M. Wright n'ait été sévère pour la dernière phase du talent de son compatriote en la qualifiant de « dégénérescence » et de « grosse farce ».

Les véritables artistes devenus vieux, boivent volontiers le vin pur de la gaieté : Rowlandson y joignait les liqueurs fortes et spiritueuses qu'aime sa nation.

Un ami me fait remarquer qu'il est bien rare qu'un caricaturiste, après s'être attaqué aux opinions, aux mœurs et aux coutumes, n'emploie pas son art à servir les antipathies mutuelles des nations.

NAPOLÉON ET LA MORT.

(D'après une estampe de Rowlandson.)

Il est une planche dans l'œuvre de Rowlandson, une seule, qui confirmerait cette opinion.

En 1814, au début de nos revers, l'artiste anglais se montre grave, sévère et juste pour Napoléon. La Mort entre en conférence avec le vainqueur de la veille. Elle s'assied sur un canon; celui qui fut Bonaparte, sur un tambour. Au fond les Alliés mettent en déroute d'épais bataillons français.

Cette composition est simple. La plume est, malgré tout, insuffisante à montrer le parti qu'a tiré l'artiste anglais de son thème. C'est le regard de la Mort qu'il faut voir entrer dans le regard du conquérant soucieux.

Une telle estampe, qui n'a rien d'insultant ni d'agressif, fait réfléchir et penser. Ce qu'on entend de cette conversation, quoiqu'elle ne soit pas formulée, est lugubre : on assiste à une sorte de confession à l'écart d'un champ de bataille, pendant qu'au loin se font entendre des plaintes de mourants, et plus loin encore des pleurs de mères, et plus loin encore les sanglots de la France.

« C'est le dénigrement devenu art », disait un Anglais de l'art de la caricature.

Si trop souvent, en effet, un acharnement sans mesure dirige le crayon d'artistes tels que Gillray, ici on a affaire à un homme qui aime la France

et mélancoliquement lui rapportait le récit d'une conversation pleine de sanglantes fatalités à laquelle, lui penseur, il avait assisté; cette conversation ui laissait pour conclusion qu'il n'est pas d'heureux vainqueur qui, à son heure, ne soit vaincu par la mort.

GEORGE III ET BONAPARTE.
(D'après Gillray.)

CHAPITRE XVI.

1793. — LA FIN DU SIÈCLE.

C'est le plus souvent l'Angleterre, malgré ses rancunes et ses haines, qu'il faut consulter sur la gravité des événements révolutionnaires, et c'est surtout le terrible satirique Gillray qui juge de son crayon implacable la période sanglante sur laquelle les véritables amis de la liberté ne doivent point passer l'éponge.

La sinistre planche de Gillray qui a pour titre : *le Zénith de la gloire française, le Pinacle de la Liberté*, il est inutile de la cacher, si hyperbolique qu'elle soit. « *Religion, justice, loyauté et toutes les piperies des esprits non éclairés, adieu!* » Telle est la légende sarcastique, mais sans vulgarité : elle confirme l'opinion du biographe anglais, qui avance que l'artiste mettait son crayon au service des hommes politiques de sa nation.

Cette planche est certainement la plus violente qu'il ait lancée contre la Révolution; elle porte d'autant plus coup, quelle reflète en traits accablants les excès populaires parisiens.

A ce moment, des estampes françaises mi-satiriques, mi-symboliques, essayaient d'entraîner les peuples voisins dans la révolte contre leurs souverains. Les marchands de gravures publiaient *l'Électricité républicaine donne aux despotes une commotion qui renverse leurs trônes,* ou *le Jeu de quilles républicain,* c'est-à-dire un patriote dont la Liberté dirige le bras et qui, à l'aide de sa boule, abat les quilles royales.

A cela les Anglais répondaient par des caricatures opposant la liberté anglaise à la liberté française : imaginations médiocres dont Gillray et Cruickshand abusent. John Bull, gros et haut en couleur, attaque à lui seul, avec sa fourchette, un roastbeef capable de lui donner vingt indigestions, pendant qu'en regard et faisant pendant, un Français, aussi délabré qu'un personnage des *Maigres* de Breughel, est obligé de se contenter de quelques raves desséchées.

La France misérable, l'Angleterre apoplectique servirent longtemps de thème aux conceptions d'outre-Manche.

Encore quelques années, et ce siècle, gros d'événements qui pèsent encore sur les destinées de l'Europe, aura dit son mot. Dernier mot gros de tant de questions.

De 1793 à 1797, le mouvement de la caricature serait d'un intérêt médiocre, si les démêlés avec Rome ne réveillaient la satire religieuse, dont quelques pièces seulement s'étaient produites en 1789. L'esprit philosophique et antimonacal, qui a décrété l'entrée triomphale des restes de Voltaire au Panthéon, souffle de symboliques bulles de savon qui crèvent à la face du pape, des monsignori, des capucins et des divers ordres religieux de la cité papale.

Depuis la Réforme du moine saxon jusqu'à la Révolution, la parodie représentée par des images n'a pas toutefois fait un grand progrès. Une seule caricature mérite d'être reproduite, *le Traité de paix avec Rome*. Image simple comme une fable de La Fontaine, assez claire et ingénieuse pour être comprise des esprits naïfs. Deux animaux sont en présence, l'un avec l'attitude impérieuse du plus fort, l'autre abattu et réfléchi. A coq triomphant, chat rusé. Le coq tient une poignée de verges qui effrayent en apparence un vieux chat appuyé sur des béquilles, honteux et la queue entre les jambes; mais le regard oblique de l'animal vaincu indique un épilogue au drame, et le coq tapageur sera obligé plus tard de reconnaître que la persistance de pensée de son adversaire l'emporte sur la sienne, et qu'il faut se fier médiocrement à la patte de velours.

LE TRAITÉ DE PAIX AVEC ROME (1797).
BAISEZ ÇA, PAPA, ET FAITES PATTE DE VELOURS.

En cette année 1797, la Révolution victorieuse ne laisse pas que d'avoir à l'intérieur des adversaires qui discutent ses principes. Une image donnera le ton de celles qui, à quelques années de là, après les guerres, formeront un groupe considérable. Qui l'emportera des fils de la Révolution ou des partisans de la royauté? Le dessinateur a soumis la question au public.

Tiens bien ton bonnet!

— Et toi, défends ta queue!

— Tiens bien ton bonnet. — Et toi, défends ta queue.

C'est la lutte qui recommence entre les jacobins et les muscadins, entre l'aristocratie et le peuple.

Dans ce moment, où de nouvelles couches sociales tendent à monter, une réaction naturelle se produit chez les dépossédés. Ce n'est pas sans amertume qu'une classe élevée quitte le pouvoir. Le partage et même la fusion semblent choquants à de certaines natures dont les instincts sont froissés. Le langage revendicateur des gens du tiers, leurs sentiments philosophiques puisés à la source plaintive de Rousseau, la mâle empreinte des souvenirs de l'antiquité, ne répondaient en rien aux regards que jetaient les royalistes sur le passé. Les excès, inséparables des révolutions, favorisaient les récriminations d'hommes habitués au langage poli des cours. Sans doute le langage du *Père Duchêne* était choquant; nous l'avons constaté sous la Commune, où le journalisme proscrit ne laissait plus de place qu'aux mensongères nouvelles des aboyeurs de carrefours; mais l'aristocratie, pour échapper à ces invectives et à ce langage de boue et de sang aurait pu ne pas se donner le ridicule de la langue des Incroyables. Mirabeau, Danton, Robespierre, Saint-Just, Camille Desmoulins évoquaient parfois les grands hommes de l'antiquité; la jeunesse aristocratique avait la puérilité d'imiter le grasseyement d'Alcibiade dont Aristophane se moquait déjà dans la comédie des *Guêpes*[1].

1. « Puis Alcibiade me dit en grasseyant : « *Legalde* (regarde), « Théodule ; il a la tête du *colbeau*. » Il a très-bien parlé, Alcibiade, tout en mal parlant. »

C'est à cette date (1797) que doit prendre la violente caricature suivante contre les royalistes: un pourceau fleurdelysé et portant la croix de Saint-Louis foule avec ses pattes la déclaration des Droits de l'homme, la Constitution de l'an III, et déracine avec son groin l'arbre de la liberté.

Quelques caricatures sur le culte naturel prêché par les théophilanthropes et La Réveillère sont placées à la date de 1797 dans les portefeuilles du Cabinet des estampes; mais ces images furent sans doute inspirées lorsque Bonaparte, en 1801, décréta la suppression de ce culte. La caricature est quelquefois courageuse, quelquefois couarde, quelquefois arriérée. A de certains moments elle prévient les événements; souvent aussi elle arrive avec le coup de poing de la fin.

L'Anarchiste, ou le nouveau Janus français, est une malice dirigée contre le Directoire; mais la pensée est plus piquante que l'exécution. Un personnage à double face dit : *Je les trompe tous les deux*, c'est-à-dire les muscadins et les jacobins. L'image donne toutefois une idée assez juste de la politique de bascule du Directoire, qui commençait à lasser les esprits.

Le Directoire marchait encore, sans que personne le soutînt, par la force d'impulsion que lui avait communiquée la Révolution; mais l'esprit révolutionnaire était conservé pur dans les armées. Les généraux et les soldats, imbus des principes de 1789, apparaissaient comme les véritables défenseurs de la République. Aussi doit-on noter à cette date l'entrée d'un nouvel acteur dans le grand drame satirique. C'est grâce à *la Chiquenaude républicaine* que Bonaparte est présenté au peuple comme devant désormais personnifier les principes de la Révolution. Hercule fait tomber d'une chiquenaude les aristocrates, Bonaparte se glisse jusqu'à sa statue. Désormais, l'homme deviendra l'Hercule révolutionnaire.

Divers événements importants de la fin du siècle provoquèrent d'autres images satiriques : la journée du 19 Fructidor, la conduite du Directoire en Suisse, où les cinq directeurs avaient mis fortement à contribution le canton de Berne.

Les républicains n'étaient pas sans appréhensions sur les suites du 18 Fructidor qui avait amené, grâce aux intrigues de Barras, le renversement de Carnot, son collègue républicain, et de Barthélemy, son collègue royaliste. D'où la gravure : *Paul Barras, premier du nom, roi de France et de Lombardie, comte de Nice, prince de Liége, de Navarre, duc de Brabant, de Savoie, électeur de Cologne,* etc.

Les inquiétudes étaient de nature plus sérieuse en Angleterre, et c'est encore à Londres, plus qu'à

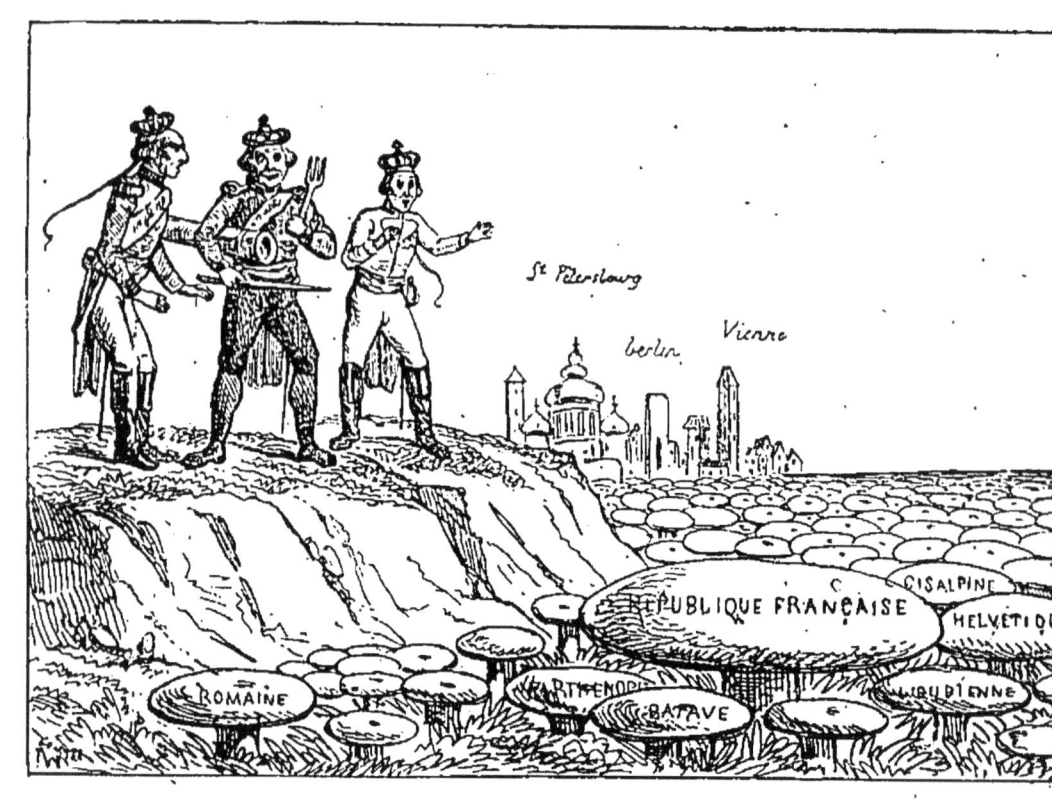

CHAMPIGNONS RÉPUBLICAINS.

Le roi de Prusse : — Dieu, comme ça pousse, c'est effrayant!
L'empereur de Russie : — Ça serait bien agréable à manger.
L'empereur d'Autriche : — N'y touchez pas, compère, c'est vénéneux.

Paris, qu'il faut chercher dans les images de la fin du siècle la terreur et l'irritation que la Révolution produisait chez les Anglais. Elles sont naïvement parlantes dans leurs développements les caricatures anglaises où le dessinateur, craignant sans doute que l'idée symbolique qui guide sa pointe ne soit pas comprise, fait concurrence au scribe et transforme l'estampe en journal.

Tous les personnages de ces compositions, et ils sont nombreux, parlent ensemble; le dessin est à la fois agressif, moderne et archaïque : comme au moyen âge, des banderolles sortent de la bouche et de la poche des personnages transformés en poteaux indicateurs d'un carrefour de forêt.

La plupart des caricatures anglaises de cette époque tiennent du manuscrit, du palimpseste : l'écriture gravée, comme un lierre parasite autour d'un chêne, enveloppe le trait qu'elle étouffe : de ce système, destiné dans la pensée du dessinateur à produire la clarté, naissent des ténèbres.

Que regarder, les légendes ou le dessin?

Les légendes sont tellement pressées et accumulées qu'il est difficile de suivre logiquement l'ordre de ces compositions.

Le Radeau en danger ou le Désappointement répu-

blicain (1798) ne peut donner qu'une faible idée de ce système de « *parlé* ».

Le vaisseau de la République portant pour devise sur ses drapeaux : *régicide, parricide, athéisme, déisme, meurtre, vol, torture, liberté, égalité,* est remorqué par un cabestan que tournent des personnages représentant probablement les membres du Directoire. Une tempête furieuse s'élève soufflée par trois têtes boréennes placées dans les nuages : les rayons de ces vents portent inscrits les noms des amiraux et généraux anglais.

J'aime mieux une autre caricature anglaise relative à la contribution patriotique des femmes pour préserver l'Angleterre de l'invasion française. Cette fois le graveur a raillé ses compatriotes, les vieilles dames, que la lecture des exploits du terrible Bonaparte fait mourir de peur : les légendes qui, suivant le goût de l'époque, traduisent leurs sensations sont inutiles ; mais, malgré toutes ces paroles jetées au vent, le dessinateur reste maître du terrain et n'est pas victime de l'écriture.

Les menaces d'invasion de Bonaparte ne faisaient pas seulement trembler les vieilles femmes. Les appréhensions anglaises étaient plus profondes.

Il faut voir la série de Gillray sur l'expédition d'Égypte et l'enragé général jacobin à la tête des

CONTRIBUTION FÉMININE POUR LA CONSERVATION DE LA PATRIE ET LA PRÉSERVATION DE BONAPARTE.

(D'après une image anglaise de 1798.)

troupes. La témérité à s'avancer dans le désert les voue à une destruction complète : plus haut que la plus haute pyramide s'élève un ossuaire formé des ossements des envahisseurs, et au sommet s'agite l'infernal gnome présidant à ces hécatombes.

Un rayonnement artistique protége encore ces images d'un temps éloigné ; aussi les Anglais les collectionnent-ils pieusement, non pas tant pour la nature des sujets représentés que pour la vaillante allure du trait.

A part deux ou trois maîtres, la France ne saurait lutter sur le terrain de la caricature avec l'Angleterre ; ou nous opposons l'esprit de vaudeville à ces rudes boxes, ou nous tombons dans la grossièreté. Parfois, cependant, un trait ingénieux perce à travers les crayonnages trop faciles de la gravure courante. Je note dans les quelques curieuses images de l'année 1799 *les Champignons républicains*. Le peu qui reste de rois en Europe contemple avec stupéfaction ces champignons vénéneux, symbole des peuples partageant les idées de la République française.

A dater de cette époque la portée de la caricature allait diminuer de plus en plus : le peuple lui-même en était las. Et c'est pourquoi, arbitrairement peut-être, il serait permis d'arrêter l'*Histoire de la caricature de la Révolution* à 1793. Non pas que la Révolution soit morte; mais elle va passer en d'autres mains.

C'est le premier coup de canon tiré par Bonaparte au siége de Toulon qui l'annonce. Le peuple écoute et se tait. Son rôle est terminé. Les principes fondamentaux des Droits de l'homme sont établis; mais, las des commotions à l'intérieur, le peuple va se tourner maintenant du côté de la guerre. Alors devient une réalité la prophétie de 1789 qui de l'homme du Tiers faisait un capitaine et abaissait le noble qui avait acheté un commandement.

Les deux gravures qui suivent appartiennent à la période militante de 1789-1790; à mesure que la fortune du général Bonaparte s'accentuera, elles deviendront l'expression exacte de la réalité.

Dans le *Temps passé*, le *prêtre* apparaît; sur son chapeau est perché un perroquet. Le *noble* dit à *l'homme du tiers :* — Voilà le cas que fait de toi la Royauté. Ce que le graveur a symbolisé par deux serpents s'échappant d'un globe fleurdelysé pour mordre le bonhomme.

Un tel mot est une folie; en effet, le noble agite une folie. Un squelette est appuyé sur sa bêche : image du laboureur dépouillé de sa chair et de son sang par les dîmes et les impôts. Il est à l'état de servage, et pourtant s'inquiète médiocrement des discours que lui tiennent le noble et le prêtre. De la main droite il s'appuie, plein de confiance, sur une épée, et derrière lui éclatent les rayons ardents du soleil de l'avenir qui réchauffe sa pauvre carcasse.

Tout change dans le second tableau. — *C'est ici*, dit la légende, *que les premiers seront les derniers.*

LE TEMPS PASSÉ.
(D'après une image de 1789, en couleur.)

Clergé, dépouillé de ses biens, est devenu squelette à son tour. *Noblesse*, forcé de s'enrôler soldat, a été confié à la garde d'un chien et d'un chat, qui le surveillent et le forcent à rester au port d'armes.

Celui qui commande maintenant à *Noblesse,* c'est le capitaine *Tiers-État,* derrière lequel les tambours, les fusils, les piques et le bonnet de liberté forment un trophée.

Image ingénieuse et saisissante, qui est le Mystère à trois personnages des trouvères de la Révolution. Que par un archaïsme on se reporte à trois siècles en arrière, on obtient une sorte de *Dict du noble, du vilain et de l'abbé* et cent actes relatifs au triomphe du Tiers, aussi intéressants que l'étude des *Chansons de gestes.*

Les royalistes et les constitutionnels timides ont incriminé l'imagerie populaire. Ces représentants de partis divers ne se disent pas que si parfois le sérieux offre un côté comique, le comique par contre a son côté sérieux.

A ces récriminations hors de propos, on peut opposer l'opinion d'un esprit plus libre : « J'ai sous les yeux, écrivait un contemporain de la Révolution, deux caricatures fort rares et fort curieuses ; elles ont été publiées peu de jours avant la mort de Robespierre. Elles prouvent qu'à cette époque on s'était à peu près accoutumé à l'existence telle que la faisait le tribunal révolutionnaire ou la guillotine en permanence.

« L'une de ces caricatures représente les Français, en costume de l'époque, se promenant aux

Champs-Élysées avec leurs têtes sous le bras, en forme de claque.

« Dans l'autre on voit la place de la Révolution encombrée d'hommes et de femmes, ayant tous la tête coupée. Au milieu de la place on distingue la guillotine et le bourreau, qui, voyant sa besogne terminée puisqu'il n'y a plus de têtes à trancher, s'est placé lui-même dans la position d'un homme qu'on va exécuter, et se prépare à faire jouer le fatal ressort. »

Les échafauds sont encore debout, les proscriptions décrétées, tout homme fils de la Révolution est soupçonné, les souvenirs de la grande époque sont encore vivants.

Qui s'inquiète de ces images? Le comte Réal, mêlé surtout aux événements qui suivirent. Réal, *préfet de police!* Car c'est un préfet de police, chose rare, qui défend la caricature et pousse à l'étudier :

« Je ne sais, ajoute le comte Réal, si l'idée viendra jamais à un homme d'esprit d'écrire l'histoire du peuple français par ses caricatures, depuis qu'on fait des caricatures en France. Une pareille histoire ne serait ni moins intéressante ni moins vraie que beaucoup de celles dont on nous a gratifiés depuis quarante ans.

« Il serait certainement fort curieux de suivre

sur ces ébauches grotesques, mais en général fidèles, les variations du caractère national à différentes périodes[1]. »

[1]. Indiscrétions, 1798-1830. *Souvenirs anecdotiques et politiques tirés du portefeuille d'un fonctionnaire de l'Empire,* mis en ordre par Musnier-Desclozeaux. — Paris, Dufey, 1835, 2 vol. in-8°.

LE TEMPS PRÉSENT.
(D'après une image en couleur.)

CHAPITRE XVII.

CARACTÈRE DE JOYEUSETÉ PARTICULIER AUX ÉPOQUES RÉVOLUTIONNAIRES

Un poëte, qui avait un sens très-exercé du comique, fait remarquer que la plupart des acteurs des caricatures de Carle Vernet « ont l'air d'une *académie* qui aurait passé chez le fripier[1] ». Cette remarque peut s'appliquer à la plupart des images amusantes de la fin de la République. Le *style* entend mêler sa note au concert, si grotesque qu'il soit. Les dessinateurs de cette époque, malgré les troubles révolutionnaires, n'en avaient pas moins passé par les bancs de l'école; aussi le comique, à demi inconscient, de leurs compositions s'augmente-t-il des lisières académiques dont tout homme sorti de l'enseignement de David ne se débarrassera jamais entièrement.

1. Baudelaire. Œuvres complètes. II. CURIOSITÉS ESTHÉTIQUES. *De l'essence du rire.* Lévy, 1869, in-18.

Sans insister sur ce point et sans abuser de l'esthétique à propos d'un art purement amusant, qui ne verra dans la jeune femme du drame *Ouf! qu'il fait chaud!* un souvenir de la pose de madame Récamier sur son lit à la grecque? La plupart des planches qui furent exposées alors à la montre de la boutique de Martinet, le fameux marchand d'estampes de la rue du Coq, subirent l'influence plus ou moins accusée des doctrines de l'auteur du tableau des *Sabines*. Il est vrai que la grossière caricature populaire avait disparu avec la République et que de jeunes artistes, qui devaient devenir des maîtres, entreprenaient de relever l'art satirique : Isabey, Horace Vernet et bien d'autres.

Mais avant eux Carle Vernet doit tenir une place importante; ses dessins de mœurs et ses compositions de bonne humeur furent d'un artiste qui a retrouvé le véritable sillon français : gai, facile et sans rancunes. Si on excepte certains croquis destinés à ridiculiser la prise de possession de Paris par les Anglais, et qui les représentent outrageusement gras ou démesurément maigres, une bien petite guerre après les violences de Gillray contre la France, Carle Vernet ne mit pas son crayon au service de la politique : homme de plaisir, fréquentant le monde et le divertissant par des représentations de mésaventures et de ridicules bourgeois, le peintre ne se laissa

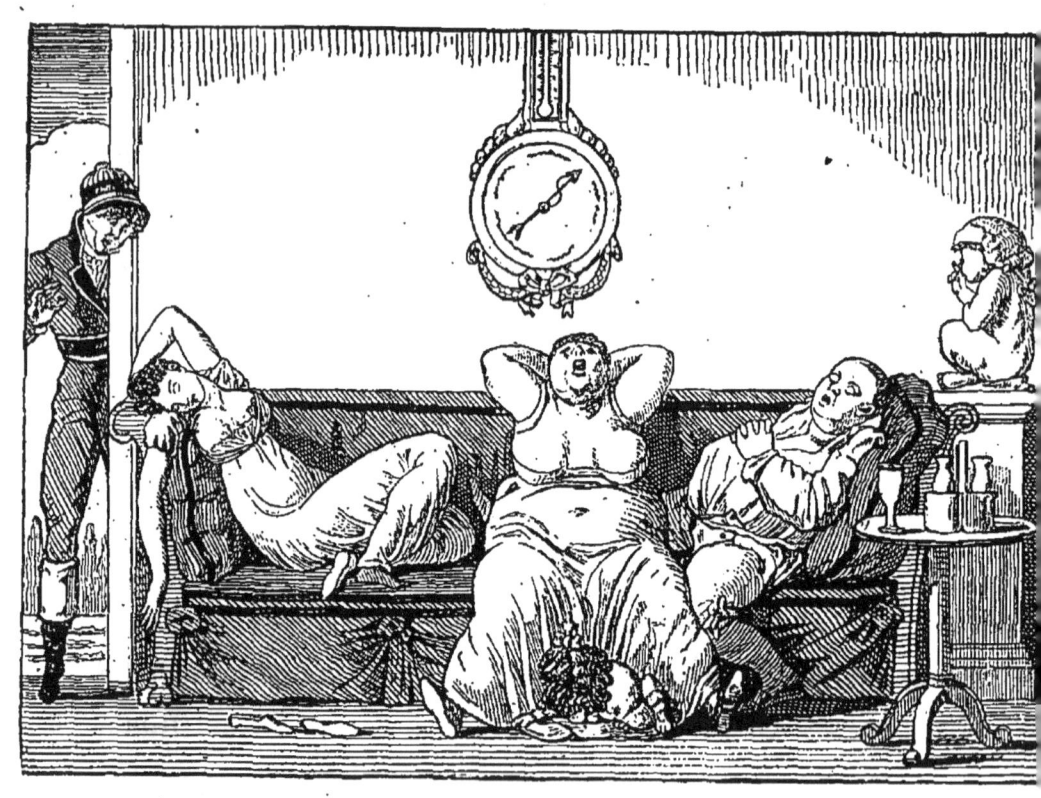

OUF! QU'IL FAIT CHAUD!
D'après une gravure en couleur.)

entraîner que rarement à l'esprit plaisant de son époque, qui est d'une certaine difficulté à analyser.

C'est en feuilletant des collections d'estampes qu'un historien constaterait la mobilité française. Une moyenne de quinze ans suffit à la nation comme expression de ses tendances politiques, de ses modes, de ses plaisirs, de ses railleries; évolutions à la suite desquelles un homme d'esprit, démodé complétement, peut longtemps avant sa fin se tenir aussi en dehors du mouvement qu'un contemporain de Sésostris.

Avec étonnement, on s'aperçoit alors de tendances scatologiques exprimées plus vivement encore par le crayon que par la plume. Après tant de dissensions, de haines, de sang versé, l'esprit gaulois reparaissait en maître et commandait de rire à ventre déboutonné. Les gens veulent s'amuser quand même, vont en pèlerinage aux sources de la gaieté des vieux conteurs et mettent de côté toute retenue. C'est le renversement de la politique qui s'est trop longtemps imposée aux esprits. La fée Parodie, qui opère ce changement à vue, a pour baguette une seringue et elle l'agite sans en craindre les conséquences. Même les gens bien élevés ne veulent plus entendre parler que du jeu de cet instrument, comme dérivatif aux concentrations bilieuses que l'ambition politique a amassées dans le corps des citoyens pendant une trop longue période[1].

L'esprit, l'*humour* d'une nation sans cesse en période d'enfantement gouvernemental sont plus intéressants à consulter que l'humeur et l'esprit d'un peuple posé, qui ne modifie pas ses lois, et laisse en paix le chef qui a pour mission de les faire exécuter. On s'explique alors, en feuilletant ces images du Directoire, que les tourmentes amenées par les gros repas et leurs suites fussent le thème favori des artistes. Beaucoup de naïveté chez les personnages de la Révolution : beaucoup de simplicité comique dans l'époque qui suivit.

Sans avoir un faible pour la littérature et la peinture que les bibliophiles et les possesseurs de collections sont obligés de renfermer à double tour dans des armoires, on avouera que Crépitus, malgré ses grossièretés, est moins coupable que Priape. Carle Vernet sacrifia rarement au premier, jamais au second, et on pourrait reproduire ici, sans crainte de

---

[1]. On sait la singulière annotation que Louis-Philippe écrivit de sa main sur le bulletin de représentation que lui faisait passer le directeur de la Comédie-Française, à propos de *Monsieur de Pourceaugnac*, qui devait être joué à la cour : « Beaucoup de seringues », ajoutait en marge le monarque philosophe. Malheureusement, l'autographe n'a pas été conservé. Peut-être n'a-t-il existé que dans l'imagination de quelque homme d'esprit de 1830. Il n'en a pas moins son empreinte de réalité et caractérise bien la jeunesse douloureuse d'un homme dont le père avait été exécuté, et qui, rentré à la Restauration, retrouvait une France s'efforçant d'oublier les souvenirs de la Terreur.

AMATEURS EXÉCUTANT UNE COURANTE.
(D'après une image en couleur.)

trop de scandale, la planche intitulée *Chacun son tour,* un thème que, malgré le *cant* de leur nation, les Anglais eux-mêmes se plaisaient à exploiter.

Peu d'hommes échappèrent à ce courant particulier, même les plus sérieux. Il est une eau-forte de l'archéologue Langlois qui semble la symbolisation de l'état des esprits à cette époque. L'artiste normand a gravé une curieuse et rare planche où les grands de la terre, empereurs, rois, papes, cardinaux, princes et princesses se réunissent sur un même terrain pour aboutir à un même but. La seule pointe d'ironie contre l'époque se fait jour sur ce que montre un tambour déculotté qui porte inscrits à un endroit où le bourreau ne marquait pas habituellement les forçats, une couronne et au centre un *W* (abréviation de Vive le Roi).

L'ironique conception de cette composition sent la fréquentation des maîtres de la Renaissance; l'exécution un peu froide fait plutôt penser au graveur Duplessis-Bertaux. Langlois du Pont-de-l'Arche, une des figures curieuses de la Normandie archéologique, fut un esprit chercheur, inquiet, sarcastique comme les gens qui ont beaucoup souffert du combat de la vie; préoccupé particulièrement de l'art gothique, il a laissé, malgré sa vie difficile, des mémoires importants sur les vitraux, la sculpture, les miniatures, l'architecture. C'était un travailleur fort occupé. La tendance particulière à la Restauration le saisit si vivement qu'il exécuta une planche résumant en un trait magistral toutes les facéties scatologiques populaires pour les faire entrer dans le domaine de l'art. *Qui potest facere mundum de immundo conceptum semine* est le texte de Job choisi par le graveur, et il conclut par cette légende: *Vanitas vanitatum et omnia vanitas*. C'est l'essence de l'esprit de la Réforme jointe aux courants particuliers de la Restauration qui se fait jour dans cette planche moderne, classée aujourd'hui parmi les plus rares d'un artiste plus songeur que satirique.

On ne fera pas l'injure au public actuel de donner un aperçu plus détaillé des images de cette série : les modifications de l'instrument cher à Molière, l'invention des clysoirs, les commandements impérieux qu'inflige la nature à des viscères d'une utilité reconnue, l'abus des grosses nourritures et de la boisson, le trône percé sur lequel la caricature fait asseoir les grands et les petits, forment les motifs favoris des dessinateurs du commencement du siècle à 1820, et certains de ces drames dérideraient les natures les plus graves.

CHAPITRE XVIII.

BONAPARTE. — NAPOLÉON.

En inscrivant ces deux noms, quel est l'historien qui n'ait senti sa conscience inquiète battre de l'aile? Le moment est-il venu d'ajouter une page à tant de dossiers concernant la légende napoléonienne? Dans une époque de travaux hâtifs, nous n'avons pas le loisir de compulser ces innombrables matériaux. Il faut se résoudre à un rôle secondaire de témoin qui a entendu plus qu'il n'a vu, qui a subi des impressions de seconde main et par cela même parle froidement de faits palpitants.

Dans la jeunesse, quand nous écoutions nos pères, ils nous disaient batailles glorieuses, victoires et triomphes; les femmes se taisaient, ayant pleuré toutes leurs larmes sur le sort de leurs enfants dont le conquérant avait fait une pâte de boue et de sang. Qu'importe! Les poëtes chantaient l'Empereur, et ceux qui portaient le plus haut sa gloire devenaient les plus populaires de la nation.

Les malheurs de la guerre, même dans les pays qui avaient violemment souffert de l'invasion, disparaissaient aux yeux des partisans des idées libérales ; ils n'avaient pas assez de couronnes d'immortelles pour le martyr de Sainte-Hélène, alors que les royalistes ne trouvaient pas assez d'invectives pour lancer à la face de « l'Ogre de Corse ».

Certains autres, dédoublant l'homme, adoraient Bonaparte et s'efforçaient d'oublier Napoléon : le personnage maigre était l'incarnation des idées révolutionnaires ; le gras, du despotisme. Ainsi nous avons été élevés avec ces alternances de sentiment, subissant le rayonnement et la tempête, voyant élever des arcs de triomphe au conquérant et abattre ses statues.

L'homme meurt et lègue à la France ses héritiers ; et en quinze ans, ce qui était légendes glorieuses dépouillées de l'alliage de la défaite, du sombre dénoûment, redevient, sous le coup de la continuation des idées napoléoniennes, effroyable réalité, mer de sang, invasion, fortune publique détruite, amoindrissement du territoire, trahison, incapacité.

LE CONSULAT.

25.

Tel est l'épilogue. Une épée, empruntée au Musée des souverains, et si rouillée que la France n'a pu s'en servir. Dans la bibliothèque de nos pères, à côté du livre de *Victoires et Conquêtes* nous avons ajouté, par la faute de l'épée rouillée, le livre *Revers et Défaites,* relié en chagrin.

Aussi est-ce avec un abattement profond que nous prononçons aujourd'hui le nom de Napoléon. La mélancolie nous prend quand nous regardons les fantasmagoriques images de fêtes, de triomphes en tête desquelles la Victoire sonna si longtemps sa fanfare retentissante! Le son se faisait alors entendre si éclatant, que plus d'un étranger ne demandait qu'à faire offre de son territoire à la France. Jusque chez les peuplades sauvages le nom de Napoléon avait pénétré; certains de ces peuples s'agenouillaient devant une idole représentant le conquérant.

D'un petit coin de terre, en Europe, s'échappaient des idées nouvelles qui bouleversaient les nations civilisées, et chaque citoyen de ce petit coin de terre s'enorgueillissait de la part de rayonnement qu'attachait à sa personne un général toujours vainqueur.

Le petit coin de terre a été, depuis, bien châtié dans son orgueil.

Rarement on verra dans l'histoire une nation

faisant à tel point, pendant cinquante ans, corps avec son héros. Celui qui eût tenté de rapetisser sa gloire eût couru risque d'être victime de l'enthousiasme populaire. Ainsi s'explique l'absence presque absolue d'images satiriques contre le général, le premier consul, l'Empereur.

La gloire du conquérant était assez puissante pour comprimer la caricature, et sous l'Empire une police à la main de fer n'eût pas hésité à prendre des mesures violentes contre l'esclave assez hardi pour siffler le triomphateur.

Ce ne fut qu'après la chute de Napoléon, après des menaces qu'on entendait gronder de l'île d'Elbe, après que les fers du prisonnier furent définitivement rivés au rocher de Sainte-Hélène, que la caricature se dégradant ramassa la boue des ruisseaux pour la jeter à la face du conquérant vaincu. Alors il n'y avait plus de danger. L'injure et pis que l'injure se mêlent à une bave enfiellée. D'odieux châtiments sont proposés par des imagiers courtisans qui ne respectent pas l'agonie de l'homme. De nombreux coups de pied d'âne atteignent le vieux lion muselé, et le *Væ victis* se montre dans toute sa lâcheté.

A ces estampes sans esprit et sans courage, il est bon d'opposer les ressentiments d'un peuple voisin toujours partial, mais dont les représailles traduites par le burin de véritables artistes atteignaient des proportions hyperboliques derrière lesquelles se fait jour parfois une ombre de réalité.

Le général Bonaparte eut pour adversaire sans

LE GÉNÉRAL BONAPARTE.
(D'après Gillray.)

pitié ce Gillray, véritable incarnation de John Bull, dont je n'ai peut-être pas assez fait ressortir, dans les chapitres précédents, le patriotisme véhément. La caricature anglaise, épousant les griefs de la nation, et les retraçant d'une pointe vengeresse, prend des proportions plus hautes que la caricature française; pour relever le moral du peuple elle quitte les carrefours, et, sur une scène plus élevée, revêt le masque aristophanesque. Elle est injuste pour la France : elle défend le sol de la Grande-Bretagne, aiguillonne les indécis, raille les couards, parle aux masses et leur indique, dans des pronostics parfois inconscients, le sort qui attend la nation si tous les citoyens ne prennent les armes.

En ce sens, Gillray fut un véritable excitateur, un remueur de fibres patriotiques, et son nom devrait être donné à une des rues avoisinant la place où se profile la statue de Wellington.

Que deviendra la liberté des mers pour l'Angleterre, le peintre l'a gravé symboliquement, montrant une femme traînée, corde au cou, par un chétif petit être, coiffé d'un immense chapeau à cornes, à plumage tricolore.

Incendies, trésors pillés, trônes renversés, gens décapités, voilà ce dont ricane dans un coin un affreux squelette coiffé du sinistre bonnet rouge des Jacobins. De celui qu'on devait appeler « un Robespierre à cheval », Gillray fit un général insatiable à la tête des révolutionnaires.

L'Angleterre protestante, raisonneuse et prudente, était monarchique comme elle l'est encore.

NAPOLÉON ET LES SOUVERAINS.
(D'après une gravure anglaise en couleur de 1813.)

Dans sa triple incarnation de général, de premier consul et d'empereur, Napoléon n'en représenta pas moins aux yeux de Gillray, ou plutôt du peuple anglais, le symbole de la révolution armée. Pour parler aux yeux de la multitude, de même qu'on parle aux enfants, le satirique créa un enragé tireur de sabre, un furibond *Kram-pouce*, dont l'ambition n'avait d'égale que le développement de son chapeau.

En même temps, le caricaturiste symbolisait la nation française par un coq déplumé, tenant la hache de licteur, qu'un diable jacobin fait rôtir pour son repas, donnant à entendre par là que les Jacobins se dévoraient entre eux, ce qui n'était pas tout à fait hyperbolique. Estampes terribles et rouges qu'on croirait illuminées par les feux de houille d'un atelier où se forgerait le fantastique.

A regarder ces images, si on se laisse trop aller à la pensée qui les dictait aux caricaturistes de l'époque, on ressent une certaine mélancolie pour la France si aventureuse, si inquiète, si avide de liberté, si féconde en essais de gouvernements qu'aucun d'eux n'a eu le temps de se fonder. C'est là-dessus que nous sommes peu d'accord avec nos voisins les protestants qui apportent la même croyance à leur Charte qu'à la Bible. Pour eux révolution veut dire ruine publique, misère privée ; la paix pour eux c'est le repos après le travail, le bien-être des classes commerçantes et non l'activité fébrile et passionnée que nous apportons à discuter de misérables questions de détail qui surgissent des assemblées délibérantes, renaissent chaque jour et chaque jour nous passionnent.

S'il y avait lieu dans le sujet circonscrit qui forme le fond de l'ouvrage actuel, on pourrait dire, sans trop être accusé de paradoxe, que l'esprit révolutionnaire gît dans la constitution du sol de la France, où l'abondance des récoltes et la facilité relative de la vie créent trop de loisirs à un peuple léger et d'essence féminine, et que les Allemands et les Anglais, à les supposer maîtres de la France, deviendraient à la longue aussi révolutionnaires que nous.

Plus posés, plus méditatifs sont les Anglais luttant contre le climat et tirant avec peine des entrailles du sol la base de leur fortune nationale. Toute chose obtenue laborieusement est défendue avec ténacité. C'est pourquoi l'Angleterre, craignant le Corse servi autant par les événements que par la connaissance profonde qu'il avait de la nature française, lui voua une haine sans merci, se jura de renverser cette ambition, et produisit, grâce au danger qu'elle courait, des artistes en qui elle insuffla l'esprit national et anti-révolutionnaire.

Trop affamée de gloriole militaire, en même temps que courbée sous le joug autoritaire de l'empereur, la France ne pouvait le juger sainement.

Il fallait donc étudier certains actes du conquérant à l'aide des boxeurs du crayon de la nation voisine la plus intellectuelle : leur façon de combattre paraîtra sans doute grossière et brutale. Il y a beaucoup à étudier dans leur jeu, et nos artistes spirituels, c'est-à-dire excessivement superficiels, pourraient méditer sur la puissance que communique l'amour du sol à un peuple défendant son territoire.

Une impression particulière ressort toutefois de l'œuvre de Gillray : le sarcasme à l'état énorme et permanent. Essence dangereuse quand elle est prodiguée à outrance.

Ce sarcasme impitoyable puisé à pleines mains, l'Écossais en fit abus et par là détruisit la portée d'une partie de son œuvre. Il eût eu son utilité, jeté à la face des ennemis de sa nation : mais le satirique blessait des mêmes flèches ses compatriotes et leurs alliés.

O miséricorde! s'écrie Napoléon que des potentats pleins de rancune font sauter en l'air. Ceci était gravé par Gillray en 1813, alors que les rayons formant l'auréole du grand vainqueur commençaient à s'éclipser.

Sans doute, Napoléon est représenté dans cette estampe de telle sorte qu'il n'inspire aucune pitié; mais les empereurs, les rois, les princes russes, espagnols, hollandais, suédois, anglais et italiens sont personnifiés par des traits plus ridicules peut-être que ceux du vaincu.

De tous les personnages de son drame, Gillray fait des acteurs de foire, de tréteaux et de carnaval qui n'excitent pas une vive sympathie pour leurs couronnes et leurs sceptres. Dans la pensée de l'artiste, ces potentats infligent un châtiment à la Révolution française; et pourtant, sans qu'il s'en rende compte, Gillray attaque le trône des souverains qu'il a pour mission de défendre. Telle était sa nature, tel fut son talent qu'il paya par la perte de sa raison.

Ces qualités et ces défauts sont rarement attachés à l'esprit français, et je prendrai pour type une planche où le rôle du conquérant était exposé plus sobrement.

Napoléon, dépouillé de la presque totalité de son gain (la scène se passe aux environs de 1814), jette sur le tapis vert tout ce qui lui reste, c'est-à-dire, sa couronne, ses soldats.

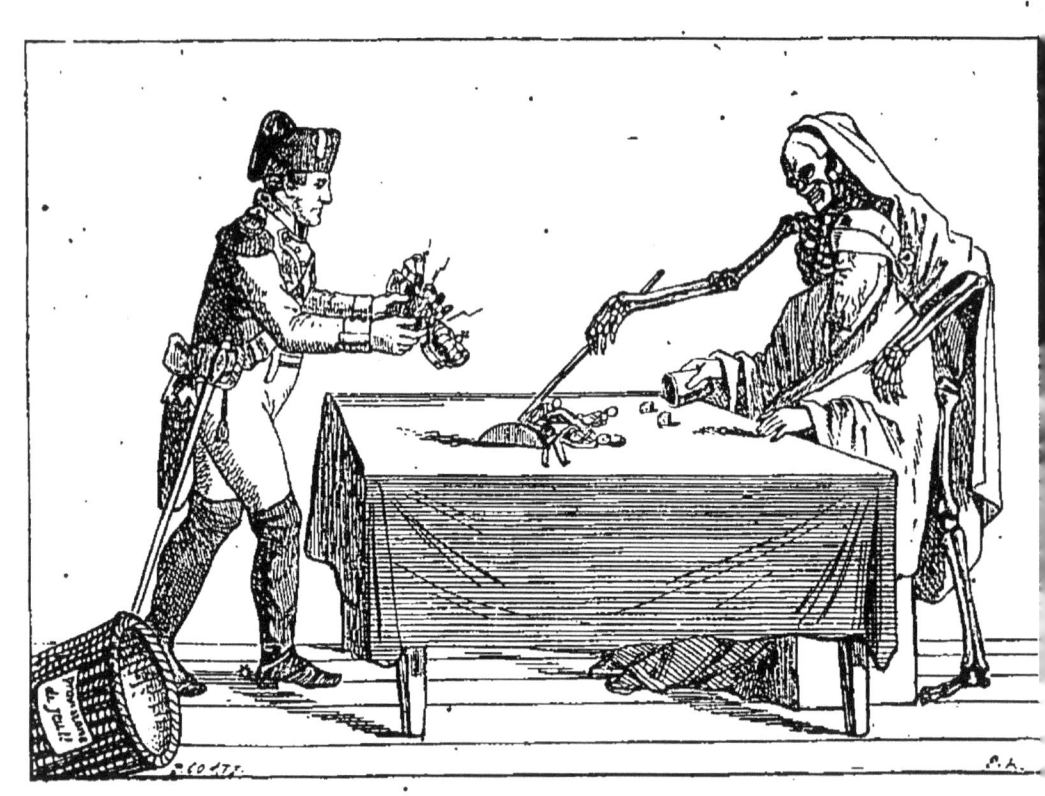

NAPOLÉON ET LE DESTIN.

— *Va pour le tout*, dit-il.

— *J'ai gagné !* s'écrie la mort qui se dresse tout à coup derrière le Destin, et avec son râteau, s'empare des derniers soldats, enjeu de cette sinistre partie de dés.

L'idée est saisissante ; l'exécution l'amoindrit. C'est qu'ils sont rares les artistes assez bien doués pour mélanger, dans une fusion harmonieuse, l'exécution et la pensée.

NAPOLÉON DÉCOUPANT L'EUROPE EN TRANCHES.
(D'après une image en couleur de Gillray).

CHAPITRE XIX.

L'ORDRE DE LA GIROUETTE. — TALLEYRAND, CAMBACÉRÈS.

On voit poindre dans les journaux et les revues, aux environs de 1814, une décoration typographique accolée au nom de certains hommes politiques en récompense de leurs opinions; c'est l'ordre de la Girouette. Républicains, bonapartistes, tous ceux qui avaient traversé cette série de gouvernements comme un écuyer traverse une série de cercles de papier, furent décorés de l'ordre de la Girouette. Des dictionnaires particuliers sont pleins des noms de ces nouveaux chevaliers[1]. La

---

1. Une girouette seule ⚑ était accolée au nom de l'homme politique dont les opinions n'avaient varié qu'une fois : deux girouettes ⚑⚑ flanquaient le nom des récidivistes ; trois, cinq, sept girouettes ⚑⚑⚑ indiquaient les êtres les plus versatiles.

Girouette, pendant quelques années, donna de nombreuses commandes aux imagiers.

Ce fut une mine de plaisanteries faciles. Avoir passé par la Constituante, la Convention, le Directoire, le Sénat, les Cinq-Cents suffisait à l'esprit parisien, qui est parfois un peu gobe-mouche. Une plaisanterie toute faite pouvant servir deux ans, quelle bonne fortune !

La Girouette fut donc posée, comme au-dessus d'un toit, sur les casques des militaires, sur la toque des magistrats, sur la table des personnages politiques, accusés d'avoir tourné à tous les vents. On ne se dit pas dans quelles passes difficiles s'étaient trouvés ces hommes qui avaient dû réagir contre les excès des révolutions et des changements de gouvernements et dont certains avaient agi en bons citoyens. Il ne fût pas resté un homme de valeur aux affaires si la tourmente, qui régnait en France depuis 1792, eût balayé toute intelligence administrative.

On ne défendra pas toutefois un Talleyrand de cette succession de pouvoirs ; on prendra pour type le conventionnel Jean Bon-Saint-André et la scène piquante qu'a racontée Beugnot, à propos des derniers temps de l'Empire :

« Le salon de service était peuplé de chambellans, d'aides de camp, d'officiers d'ordonnance, de secrétaires, distingués entre eux par des habits plus ou moins riches et d'une élégance recherchée. Ceux qui en étaient revêtus les justifiaient par la politesse de leurs manières et une langue de cour qui commençait à se former.

« Le vieux conventionnel Jean Bon-Saint-André faisait tache au milieu du tableau avec son costume de préfet le plus modeste possible et déjà supporté, et le reste de son habillement en noir, y compris la cravate. Il paraît qu'il avait éprouvé plus d'une fois à ce sujet les aimables moqueries de la bande dorée, car ce jour-là on avait l'air de reprendre avec lui le discours interrompu de la veille. M. Jean Bon laissa ces messieurs épuiser tous les traits qu'ils portaient dans leurs carquois dorés ; puis il leur répondit avec un sang-froid qui ajoutait à la puissance du discours : — J'admire en vérité que vous ayez le courage de vous occuper de mon costume et de la couleur de mes bas, le jour où je dois dîner avec l'empereur et l'impératrice. Vous ne me dites pas tout : vous êtes scandalisés de me voir appelé à un pareil dîner, et je n'aurai pas sitôt tourné le dos que vous direz : — En vérité, on ne conçoit pas l'empereur de faire dîner avec l'impératrice, la nouvelle impératrice, un conventionnel, un roturier, un collègue de Robespierre au Comité de salut public, et

L'HOMME AUX SIX TÊTES.

(D'après une caricature du *Nain jaune*.)

qui pue le jacobin une lieue à la ronde. — Eh! monsieur Jean Bon, comment nous placer dans la bouche de pareilles sottises? Nous vous respectons trop pour jamais nous permettre... — Point du tout, messieurs, ce ne sont pas là des sottises, mais de pures vérités; j'avoue tout cela. L'Europe était alors conjurée contre la France, comme elle l'est aujourd'hui. Elle voulait nous écraser de toutes les forces morales et matérielles de l'ancienne civilisation. Elle avait tracé autour de nous un cercle de fer. Déjà la trahison lui avait livré des villes notables; elle s'avançait. Eh bien, les rois en ont eu le démenti; nous avons dégagé le territoire et reporté chez eux la guerre d'invasion qu'ils avaient commencée chez nous; nous leur avons enlevé la Belgique et la rive gauche du Rhin que nous avons réunies à cette même France dont ils avaient, au début de la guerre, arrêté le partage. Nous avons porté au loin notre prépondérance et forcé ces mêmes rois à venir humblement nous demander la paix. Savez-vous quel gouvernement a obtenu et préparé de tels résultats? Un gouvernement composé de conventionnels, de jacobins forcenés, coiffés de bonnets rouges, habillés de laine grossière, des sabots aux pieds, réduits pour toute nourriture à du pain grossier et de mauvaise bière, et qui se jetaient sur des matelas étalés par terre dans le lieu de leurs séances quand ils succombaient à l'excès de la fatigue et des veilles. Voilà quels hommes ont sauvé la France. J'en étais, messieurs ; et ici, comme dans l'appartement de l'empereur où je vais entrer, je le tiens à ma gloire. — On ne peut pas discuter des goûts, reprit un général; mais en accordant aux Comités du gouvernement de l'époque la justice qui leur est due sous les rapports militaires, il y a beaucoup de leurs actes dont il est impossible qu'on puisse se glorifier. Je réclame contre l'expression, elle est trop forte. — Et moi je la maintiens, reprend Jean Bon. Au surplus, attendons quelque temps : la fortune est capricieuse de sa nature. Elle a élevé la France bien haut ; elle peut tôt ou tard la faire descendre, qui sait? aussi bas qu'en 1793. Alors on verra si on la sauvera par des moyens anodins, et ce qu'y feront des plaques, des broderies, des plumes et surtout des bas de soie blancs. »

La vieille girouette avait bien parlé : en quelques mots, le préfet de l'Empire défendait les conventionnels, les régicides, les jacobins, les braves soldats qui avaient prêté un loyal concours à l'Empire et que la Restauration devait exiler, pour les punir de leur patriotisme. Car ils étaient patriotes les hommes de ces temps troublés, et ils payèrent de leur sang ce flot de sang qu'imprudemment ils avaient déchaîné et qu'ils ne purent faire rentrer dans son lit.

Chaque acteur de ce terrible drame n'ignorait pas qu'il jouait sa tête ; le patriotisme faisait taire ces craintes de femme. Pas toutefois chez Talleyrand. Celui-là, la Restauration a fait suivre son nom d'une triple girouette. Symbole insuffisant pour un homme qui, dans les désastres des nations voisines, dans ceux de son propre pays, ne voyait que millions à faire entrer dans son secrétaire. Une girouette sur la béquille de ce vieillard macabre peut-elle rendre le hibou politique qui, posé sur le toit des gouvernements, s'envole avant qu'ils soient renversés, emporte les trésors et va les cacher dans un trou, comme une pie? Il a manqué à cette époque un caricaturiste vengeur pour marquer ce vieux médecin qui ne veut pas assister à l'agonie du malade qu'il a soigné, et il a fallu l'époque moderne pour bien caractériser avec le crayon le sinistre fossoyeur de tant de gouvernements tombés.

J'ai toujours été frappé, en regardant la grande page historique de David, le *Sacre de l'empereur*, de cette tête de diplomate émacié, dont la lèvre inférieure monte à cheval avec un souverain mépris sur la lèvre supérieure. Pour moi, il n'y a plus dans cette toile immense ni pape, ni empereur, ni impératrice, ni princes, ni princesses, ni chambellans, ni maréchaux; ni généraux, ni pages. Talleyrand commande seul l'attention. Tout jeune, son masque me resta dans l'esprit. Le drame, j'y prêtais peu d'attention ; la physionomie des courtisans et des gens de cour me semblait effacée, plus officielle que caractéristique. Talleyrand seul m'intéressait, non pas d'une façon sympathique précisément; à l'âge où je n'avais de notions ni en histoire ni en art, ce profil de personnage de congrès répondait peut-être à des tendances satiriques dont les cordes n'avaient pas encore vibré.

Depuis, cet homme « si aimable dans la société », si spirituel, qui ne riait jamais par principe et par bon goût, ce personnage très-compliqué, dont les bons mots et les roueries sont célèbres, ne m'a guère été plus sympathique que le docteur Véron qui portait la même cravate étoffée.

Talleyrand restera une figure pâle, recevant avec une indifférence affectée les soufflets de Maubreuil et ceux autrement sanglants de Napoléon et de Chateaubriand.

— Voyons, la main sur la conscience, combien avez-vous gagné avec moi ? lui disait Napoléon.

— Combien Talleyrand vous a-t-il coûté? demandait encore l'empereur à un prince allemand.

Ceci est du Napoléon de bonne humeur.

Mais parfois les explosions de l'empereur devenaient terribles et, malgré son empire sur lui-même, Talleyrand ne pouvait les éviter. Quoique diplomate correct, malgré son air de réserve et de profondeur, il entendait la voix terrible du maître lui cracher en pleine face :

— Tenez, monsieur, vous n'êtes que de la m... dans un bas de soie.

— Quel dommage qu'un aussi grand homme ait été si mal élevé! disait, en sortant, Talleyrand aux témoins de cette scène.

Ce flegme de commande, ce sang-froid inaltérable en face de l'injure, ce mutisme de joueur de whist, cette impassibilité que n'émeuvent ni l'insolence méritée, ni les affronts légitimes, ces nerfs qu'aucune indignation ne fait vibrer, ce masque d'indifférence que nulle injure ne peut faire tomber, ont aidé puissamment à la fortune de Talleyrand et ont séduit plus d'un aventurier diplomatique. La malhonnêteté fait école. Il importe pourtant de ne pas laisser entendre qu'elle est la base des grands politiques.

Aux yeux de la foule, Talleyrand lui-même voulait faire croire qu'il n'était pas celui que la conscience publique repoussait. A l'Académie des sciences morales, il définissait le parfait diplomate en termes polis qu'applaudissaient les braves gens

27.

qui croient à la rhétorique, à la phrase, à l'art de ne rien dire si particulièrement cultivé sous la coupole de l'Institut. Traitant des qualités d'un ministre des affaires étrangères : « Il lui faut, disait Talleyrand dans son discours, la faculté de se montrer ouvert en restant impénétrable, d'être réservé avec les formes de l'abandon, etc. »; et autres conseil d'un vieux renard se faisant mouton académique.

— Franchement, disait Sainte-Beuve parlant de ce discours, il y avait trop de reptiles par derrière, au fond de la caverne.

Talleyrand s'imaginait-il tromper l'avenir? Je ne le crois pas. Il voulut vivre riche, entouré d'une société polie qui ne s'inquiétait pas trop de ses vices : l'histoire ne l'en a pas moins cloué comme une chauve-souris à la porte d'une ferme.

On peut sourire d'une certaine présence d'esprit qui ne fit jamais défaut à Talleyrand dans les circonstances difficiles; une amertume reste toujours au fond du sourire.

Beugnot raconte comment il présenta à la signature de Louis XVIII l'ordonnance de nomination de Fouché au ministère de la police :

« Le roi y jeta un coup d'œil et laissa tomber l'ordonnance sur le pupitre. La plume lui échappa des mains; le sang lui monta au visage; ses yeux

TALLEYRAND.

(D'après un croquis d'Honoré Daumier.)

devinrent sombres et il retomba tout entier sur lui-même, comme accablé par une pensée de mort. Un morne silence avait soudainement interrompu une conversation tout à l'heure facile et douce. Ce silence dura quelques minutes, après quoi le roi me dit en poussant un soupir profond : — Il le faut donc, allons !

« Il ramasse sa plume, s'arrête encore avant que de tracer des caractères, et prononce ces mots : — Ah ! mon malheureux frère, si vous me voyez, vous m'avez pardonné !...

« Il signe enfin, mais en même temps qu'il le fait péniblement et en tremblant, de grosses larmes lui tombent des yeux et mouillent le papier. Je reprends l'ordonnance, je salue et me retire. »

Il faut voir le diplomate dans cette comédie.

« Je remets l'expédition de l'ordonnance à M. de Talleyrand, et je veux lui donner quelques détails sur les circonstances qui en ont accompagné la signature ; il m'en dispense en me disant qu'il *m'abandonne volontiers tout ce qui tient au sentiment*, parce que c'est la partie où j'excelle[1]. »

Il y a dans Talleyrand du Figaro boiteux et cacochyme, du vieux Figaro éreinté de *la Mère coupable*,

---

1. *Mémoires du comte Beugnot* (1783-1815). 2ᵉ édit., 2 vol. in-8°. Paris, E. Dentu, 1868.

d'un Figaro jouant aux échecs avec Basile. Il veut tromper au jeu ; son adversaire lui fait voir qu'il l'a remarqué. Il le reconnaît volontiers avec le sourire particulier que Chateaubriand a qualifié :

« Comme M. de Talleyrand avait reçu beaucoup de mépris, il s'en était imprégné et il l'avait placé dans les deux coins pendants de sa bouche. »

Tous ceux qui eurent une grande action sur leur siècle, les penseurs, les hommes politiques, virent clair dans le jeu du diplomate. Ses *Mémoires*, dont la publication est sans cesse retardée et mise en question, peuvent être publiés cent ans après sa mort ; ils n'enlèveront pas une ligne de la lettre qu'écrivait en 1814 Napoléon à son frère Joseph, lieutenant général du royaume :

« Si Talleyrand est pour quelque chose dans cette opinion de laisser l'impératrice à Paris dans le cas où l'ennemi s'en approcherait, c'est trahir. Je vous le répète, méfiez-vous de cet homme ! Je le pratique depuis seize années ; j'ai même eu de la faveur pour lui ; mais c'est sûrement le plus grand ennemi de notre maison, à présent que la fortune l'a abandonnée depuis quelque temps... »

Marie-Louise se prépare à partir, malgré l'avis de Talleyrand. C'est alors qu'en quittant la salle du Conseil où se discutaient les projets de régence, Talleyrand dit au duc de Rovigo :

« — Eh bien ! voilà donc la fin de tout ceci ! N'est-ce pas aussi votre opinion ? Ma foi, c'est perdre une partie à beau jeu. Voyez un peu où mène la sottise de quelques ignorants qui exercent avec persévérance une influence de chaque jour. Pardieu ! l'empereur est bien à plaindre et on ne le plaindra pas, parce que son obstination à garder son entourage n'a pas de motif raisonnable ; ce n'est que de la faiblesse qui ne se comprend pas dans un homme tel que lui. Voyez, monsieur, quelle chute dans l'histoire ! Donner son nom à des aventures, au lieu de le donner à son siècle ! Quand je pense à cela, je ne puis m'empêcher d'en gémir. Maintenant quel parti prendre ? Il ne convient pas à tout le monde de se laisser engloutir sous les ruines de cet édifice. »

On n'invente pas de telles conversations. Celle-ci suffit à peindre l'homme qui continua son métier jusque sous Louis-Philippe, disant d'un ton à la fois railleur et sentencieux :

— Je n'ai pas trahi les gouvernements ; ce sont les gouvernements qui m'ont trahi.

Mais à cette époque, chacun pouvait lire à travers les cartes du vieillard, et la caricature l'a représenté seulement alors vraisemblable et fantastique, avec sa béquille qu'il frappait contre le patin de fer dont son pied-bot était muni, et qui l'annonçait de loin comme la mauvaise fée prédisant les malheurs de la nation, et, Cassandre simiesque, s'enfuyant les poches bourrées de millions.

Il faut, et ce n'est pas toujours une besogne agréable, avoir parcouru de grandes collections de caricatures pour se rendre, des rancunes des partis, un compte plus exact que de l'opinion d'une nation. Il arrive fréquemment que tel personnage qui semble attirer les foudres de la satire, Talleyrand par exemple, soit laissé dans l'ombre par les caricaturistes de son époque, quand un autre personnage d'une portée politique moins voyante sert de cible et appelle à lui toutes les flèches de la parodie. C'est que les partis ménagent les uns, accablent les autres, sans mesure, suivant les besoins du moment, et que leur moindre souci est l'esprit de justice.

Les flatteurs de la Restauration vouèrent une haine particulière à Cambacérès. Ennemi des mesures violentes, jurisconsulte éminent, cet esprit ferme s'était pourtant opposé aux excès de la Révolution. Son vote, dans le jugement de Louis XVI, avait été conditionnel et compté au nombre des 334 voix d'absolution. La Restauration tint pour régicide le même homme qui, regardé pour un médiocre républicain, avait été repoussé comme membre du Directoire. Exilé en 1814, Cambacérès ne put rentrer en France qu'en 1818.

Sous prétexte de régicide, les ultra-royalistes visaient l'ancien ministre, le second consul choisi par Bonaparte, le jurisconsulte qui avait eu à cœur de faire intervenir la main de justice à côté de l'épée.

L'archi-chancelier, coupable de fidélité envers la révolution et l'empire, fut traité à son tour de « sans-culotte », la grosse injure du temps, et le dossier satirique de l'homme qui avait vécu dans l'étude des lois est énorme, quand celui de Talleyrand est si mince.

Sa vie politique étant irréprochable, sa vie intime fut fouillée par les pamphlétaires. De Cambacérès le *Dictionnaire des Girouettes* dit en 1815 : « Ce prince ne cherchait point à soustraire sa grandeur à la curiosité publique. On l'a vu mille fois, au milieu de ses deux commensaux et acolytes, MM. d'Aigrefeuille et Villevieille, se promener, chamarré de tous ses ordres, aux Tuileries, au jardin du Luxembourg, et surtout au Palais-Royal, suivi d'une foule d'enfants émerveillés d'un tel spectacle. Il aimait à être vu et à lire dans les yeux du public la satisfaction générale que sa présence faisait éprouver. »

La raillerie est innocente. Le crayon a donné

plus de relief aux trois amis. Quand un premier dessinateur eut trouvé cette trilogie au bout d'un crayon qui ne manquait pas de finesse, ce furent des répétitions et des redites qui, parfois, font paraître le comique parisien aussi borné que celui des Chinois. La chanson, le vaudeville, le petit journalisme, la caricature, s'ils mettent la main sur un moule, en tirent de nombreuses épreuves et contre-épreuves qui ne sont rien encore à côté des imitations, des adaptations, des contrefaçons.

Cambacérès avait pour ami son compatriote, le marquis d'Aigrefeuille, plus connu comme gastronome qu'en sa qualité d'ancien procureur général de la cour des aides de Montpellier [1].

D'Aigrefeuille, petit, gros, rond, rentra dans le cadre dont la caricature entoure les gourmands. De la Villevieille, au contraire, était sec, maigre, d'apparence affamée. Les deux gourmands, avec leurs ventres en boule, emprisonnaient au milieu de leur graisse le famélique Villevieille, et donnaient naissance à un cercle de rotondité charnue d'un aspect réjouissant. C'est l'image la plus spirituellement traitée de l'époque de la Restau-

---

[1]. C'est à d'Aigrefeuille que Grimod de la Reynière avait dédié son *Almanach des Gourmands*, « comme à l'homme aimable qui possédait l'art si difficile et si peu connu de tirer le meilleur parti possible d'un excellent repas. »

PROMENADE AU PALAIS-ROYAL.

(D'après une gravure en couleur signée G.....)

ration ; mais la malignité ne s'en tint pas là et prêta à Cambacérès et à d'Aigrefeuille d'autres fantaisies.

Une caricature fort répandue, sous le titre de *ma Tante-Urlurette*, représente le marquis un poulet embroché à la main, l'*Almanach des Gourmands* sous le bras, portant la queue de la robe de Cambacérès, travesti en femme. Sur le sac que tient à la main l'archi-chancelier, est écrit : *Haine aux femmes, vaudeville*. Les deux personnages se dirigent vers une ville condamnée aux feux du ciel et dont les flammes embrasent les édifices.

Satire claire, moins mordante toutefois que le mot attribué à Napoléon, un jour que Cambacérès était en retard à un rendez-vous fixé par l'empereur. — « Sire, dit l'archi-chancelier pour se justifier, j'étais avec une dame... — Eh bien, une autre fois, on dit à cette dame : Prends ton chapeau, ta canne, et va-t'en. »

Le mot dispense d'insister sur le thème habituel des caricatures dirigées contre Cambacérès. Il eut le bon esprit de ne pas s'en inquiéter, et ainsi il donna un exemple du respect de la liberté poussée jusqu'à la licence. Le jurisconsulte supporta ce feu roulant de railleries excessives qu'il pouvait voir à tous les étalages des marchands d'estampes du Palais-Royal. Peu importait à l'ancien archi-chancelier. Bonapartiste, il n'avait pas ménagé ses conseils à l'empereur puissant, et sa conscience lui disait que si ses avis avaient été écoutés, les désastres de l'expédition de Russie, l'invasion des alliés eussent été épargnés à la France.

M. TOUT-A-TOUS.
LE MODÈLE DE RECONNAISSANCE AU CONGRÈS DE VIENNE.

(D'après une image en couleur.)

CHAPITRE XX.

L'ÉTEIGNOIR.

Les images politiques publiées sous la Restauration sont, sous une apparence simple, presque aussi compliquées que les caricatures anglaises. La haine des jésuites, un mélange de libéralisme teinté de bonapartisme, la guerre de journaux à journaux engendrent d'infinies ramifications qui font penser à l'appareil nerveux d'une pièce anatomique.

Dans l'estampe suivante, qui prend pour texte le refrain d'une chanson de Béranger de 1819, les hommes noirs tiennent une grande place. Ils brûlent les livres et soufflent sur l'auréole lumineuse des philosophes des siècles précédents; malheureusement la réduction, si exacte qu'elle soit, de l'estampe du journal *la Minerve*, n'a pas permis de reproduire toutes les légendes du drame original.

Décrire cette image suffit pour donner une idée des nombreuses estampes de la même famille. L'Église, personnifiée par une figure de pape, tient d'une main un sabre sur lequel est écrit *Dragonnades*, et de l'autre un papier où se succèdent les mots : *Bulles, Croisades, Vêpres siciliennes, Saint-Barthélemy*. A côté de l'Église s'élance, torche en main, le démon de *la Discorde*, symbolisation tant soit peu imprévue de Martainville, rédacteur du journal royaliste *le Drapeau blanc*. De la fumée de la torche du démon s'échappent la *Division des familles*, les *Privilèges*, les *Droits féodaux*, la *Dîme*. Le monstre Martainville ajoute le feu de sa torche aux flammes dans lesquelles les Jésuites jettent tous les ouvrages d'*Enseignement mutuel*, de *Philosophie*, de *Droit public*, de *Physique*, de *Chimie*, de *Mathématiques*, d'*Astronomie*, de *Hautes sciences*.

Quant aux sacristains qui tentent de faire oublier, à l'aide de leurs éteignoirs, la mémoire de *Fénélon, Condorcet, Franklin, Buffon, d'Alembert, Lavoisier, Monge, Condillac, Voltaire, Rousseau, Montesquieu, Montaigne, Helvétius, Raynal, Mably*, ce sont quatre robes noires sous lesquelles apparaissent les griffes crochues de *la Quotidienne*, de *la Gazette*, du *Conservateur*, du *Journal des Débats*.

Au fond, on aperçoit la porte de l'École de Droit

Vite, soufflons, soufflons, morbleu,
Éteignons les lumières,
Et rallumons le feu. (*Bis.*)

(D'après une gravure du journal *la Minerve*, de 1819.)

et à l'intérieur un jésuite en chaire. Derrière l'édifice, à l'horizon, de nombreux personnages se rendent sur une montagne pour y planter des croix de mission.

Pendant dix ans les caricaturistes brodèrent sur ce thème. Mais le type ci-contre m'a paru caractériser particulièrement les tendances libérales de l'époque, et les graves questions qui furent posées au retour des Bourbons.

Ce qui enlève surtout aux caricatures de la Restauration la meilleure part de leur portée, c'est la place considérable consacrée à l'homme. L'individu prime le principe. Qu'est-ce aujourd'hui que Martainville? Autant vaudrait demander ce que fut Machanette. La gloire du journaliste peut marcher de pair avec celle de l'illustre *utilité* qui ne fit jamais défaut dans la distribution des rôles des drames romantiques de la Porte-Saint-Martin.

Pour se rendre compte du peu d'intérêt de compositions satiriques basées sur la polémique des journaux, il faut avoir voyagé à l'étranger et s'être arrêté aux vitres des libraires devant des images locales du même ordre : là s'accuse l'inanité du crayon qui n'est pas tenu par une main vigoureuse.

Cette guerre de personnalités fut vive sous la Restauration. On peut en prendre pour types deux personnages célèbres à divers titres, un critique de théâtre et un auteur dramatique, l'abbé Geoffroy et M. Étienne. Quoique d'un ordre supérieur au Normand Martainville, le feuilletonniste du *Journal des Débats* dans ses luttes avec Talma, l'auteur des *Deux Gendres* dans ses démêlés avec ses confrères, ne sont guère plus intéressants aujourd'hui que les calicots dans leurs révoltes contre le théâtre des Variétés.

Je donnerais volontiers toute la liasse d'images concernant l'abbé Geoffroy pour une caricature de costumes de 1812, et les scènes à la Pigault-Lebrun, dont on abusait alors, sont certainement moins démodées que le bagage dramatique de M. Étienne ; mais ces deux personnages, se rattachant à divers titres à la famille des éteignoirs, ne peuvent être passés sous silence. L'un décernait les brevets, M. Étienne ; l'autre les recevait, l'abbé Geoffroy.

La création de l'*Ordre des Chevaliers de l'Éteignoir* fut une imitation du fameux *Régiment de la Calotte*, mis sur pied en 1724, alors que la minorité de Louis XV excitait de vives rancunes politiques ; toutefois la portée de l'Éteignoir fut plus considérable.

Le plan était bien organisé. Mis en œuvre par les gens d'esprit du moment qui faisaient la fortune du *Nain jaune,* Cauchois-Lemaire, Étienne, Merle, De Jouy, le brevet de chevalier de l'Éteignoir[1] était envoyé au domicile des personnages notables du royalisme, aux écrivains et journalistes leurs alliés.

D'opinions bonapartistes, sans trop en faire montre, les rédacteurs du *Nain jaune* trouvèrent au début une aide imprévue dans des communications royales. Louis XVIII envoyait à ce journal des malices contre divers personnages de son entourage. Sceptique autant qu'épicurien, le roi s'amusait des caricatures atteignant certains serviteurs qu'il était obligé de subir.

La boîte du journal, destinée à recueillir les informations du public, portait le titre mélodramatique de *Bouche de fer*. Dans cette bouche de fer Louis XVIII faisait jeter ses rancunes sarcastiques. Les courtisans laissaient percer le mystère à la cour et la vogue du journal s'en augmentait autant que si, à Rome, quelques vers mordants contre les membres du Sacré-Collége eussent été collés à la statue de Pasquin par un pape.

La création de l'ordre de la Girouette, qui précéda celui de l'Éteignoir, fut vue d'un bon œil par

---

1. Armoiries de sable, à l'éteignoir d'or, au chef d'argent, avec la devise : *Sola nocte salus,* et pour support une chauve-souris aux ailes étendues.

le roi, surtout quand le premier dignitaire breveté s'appelait Talleyrand; mais pendant les Cent-Jours, les rédacteurs du *Nain jaune* dévoilèrent trop hautement leurs sentiments bonapartistes, et le journal ne put continuer sur le même ton. Supprimé par ordre ministériel, il alla s'établir en Belgique, sans y retrouver sa fortune parisienne.

La création de l'ordre de l'Éteignoir ne restera pas moins à l'actif de la Restauration, en tant que qualification de la caricature. Sous l'Éteignoir prennent naissance les lignes embryonnaires qui, à quelques années de là, devaient entrer dans la composition de la figure de *Monsieur Prudhomme*.

N'est-ce pas un de ses aïeux, qui, en 1815, parle de « la coupe empoisonnée des idées libérales? »

C'est à remplir sans cesse cette coupe qu'étaient occupés les gens d'esprit du journalisme de l'époque; mais leurs polémiques sont bien démodées, et je ne pousserais guère qu'un ennemi dont je voudrais me débarrasser par l'ennui, à feuilleter ces cahiers de journaux dont les numéros sont remplis des Chants des Ténèbres des chevaliers de l'Éteignoir ou de toasts semblables aux suivants qu'ils portent dans leurs banquets :

« — A l'anéantissement de toutes les idées libérales, par la puissance de l'Éteignoir !

« — Au retour de toutes les doctrines politiques

FAMILLE DES ÉTEIGNOIRS.

(D'après une lithographie en couleur.)

qui ont illustré les siècles de Louis XI et du cardinal de Richelieu !

« — Au rappel de toutes les corporations monastiques, comme affiliées naturelles de l'ordre !

« — Au prochain renversement de la Constitution et de toutes les lois qui établissent la liberté publique et celle de la pensée [1]. »

Vieux habits ! vieux journaux ! C'est le pied foulant des amas de feuilles publiques que devrait être représentée la caricature triomphante. Elle est plus facile à lire, moins fastidieuse, plus preste à la riposte, plus parlante. On la tire de la balance où vont se vendre à la livre tant d'écrits qui ont agité les esprits à de certaines époques et elle entre dans les cartons des curieux qui la conservent, ne fût-ce qu'à titre de ses vives couleurs.

O journalisme vaniteux, avec ton épingle pour arme, ta légèreté, ton rabâchage, ton ignorance, ta voracité de misérables informations, avec la nourriture falsifiée que tu donnes aux passants, quelle supériorité offre sur toi le crayon d'un artiste dont les événements font vibrer l'esprit !

1. *Nain jaune*, 1815.

CHAPITRE XXI.

DÉCOUVERTES. — MODES. — PLAISIRS.
1800-1830.

On aurait beau jeu actuellement à faire des rapprochements entre 1820 et 1870 et bien des points semblables pourraient être indiqués qui frappent à première vue, donnent lieu à des allusions faciles, et peuvent se résumer en ceci : toute révolution engendre malheureusement des excès, tout excès se paye par des pas en arrière. Il en a été ainsi depuis le commencement de l'humanité et il en sera toujours de même, le Progrès ou la Décadence des nations ne s'exerçant qu'imperceptiblement et par lentes infiltrations. Qu'un peuple dresse une pyramide au sommet de laquelle il grave les principaux faits de son histoire, qu'une crevasse s'ouvre révélant l'abîme au fond duquel une nation est condamnée à expier ses fautes, de longues années s'écouleront avant que la dernière pierre du monument commémoratif ne soit posée, avant l'effondrement dans lequel doivent disparaître hommes et choses.

Bien des volumes ont été écrits sur ce thème et ont fait décorer du titre de *penseurs* de solennels messieurs creux comme des outres. L'auteur, prédisposé par ses études à craindre la raillerie, juge à propos de laisser de côté la grandeur et la décadence des empires ainsi que de banals pronostics historiques. Son rôle plus modeste consiste à chercher quel contre-coup futile amènent parfois de graves événements. Aussi pourrait-on, suivant lui, tracer un tableau des éphémérides satiriques ayant trait à d'importantes découvertes, aux bienfaits que l'humanité n'accepte qu'avec un sourire railleur.

Dans cet ordre, le siècle s'ouvre par la découverte de la vaccine. Aussitôt que le nom de Jenner est prononcé, la caricature ouvre l'œil. « Quand la découverte de la vaccine, disait Cuvier dans un rapport à l'Institut, serait la seule que la médecine eût obtenue dans la période actuelle, elle suffirait pour illustrer à jamais notre époque dans l'histoire des sciences. » Mais de même qu'il existe des oiseaux moqueurs qui parodient le chant du rossignol, de même les gens qui font métier de railler entendent ne jamais perdre leurs droits. Ils sont utiles, d'ailleurs, aidant à populariser une découverte, quoique leur crayon ne soit pas taillé dans ce but. La découverte de la vaccine fut donc prise à partie par les caricaturistes, sans les inspirer fortement.

Il n'en fut pas de même de la science nouvelle acclimatée à Paris, en 1817, par le docteur Gall, invité par le gouvernement autrichien à mettre un terme à une exposition de doctrines réputées dangereuses pour la religion. Ce système de juger les facultés intellectuelles, les vices et les qualités des hommes, par l'inspection de leur crâne, fut reçu aux grands applaudissements de la caricature. Pendant trente ans, à différents intervalles, suivant qu'un incident mettait en lumière le résultat des observations de Gall ou d'un de ses disciples, la caricature enregistra le fait. Heureusement le physiologiste, père de la doctrine, ne possédait pas la bosse désignée sous le titre d'*amour de l'approbation*. Indifférent au blâme ou à la louange, Gall n'éprouvait aucune meurtrissure des ridicules dont ses adversaires voulaient le couvrir. A Berlin il était le premier à la représentation d'une comédie satirique de Kotzebue, *la Crâniologie*; à Paris il dut parfois s'arrêter devant les vitres des marchands d'estampes où la phrénologie était classée parmi les ridicules du jour.

De 1811 à 1813, si on voulait porter au même

LES RUSSES A PARIS.
D'après une image en couleur.)

tableau des éphémérides les événements marquants, il faudrait inscrire en gros traits la Comète et M. de Foy.

Les anciens, dans l'apparition de la comète, eussent pronostiqué de grands malheurs pour la nation et ils ne se seraient pas trompés. Nous oublions si facilement nos infortunes, qu'en évoquant le souvenir de nos pères, la comète de 1811 est restée synonyme de vins merveilleux.

M. de Foy, négociateur en mariages, — prudence, célérité, discrétion, — était doué de l'*amour de l'approbation* qui manquait à Gall. Il n'admettait pas que son industrie, qui était de jeter de beaux jeunes gens sans le sou dans les bras d'héritières aussi laides que méconnues, fût tenue pour plaisante.

Ce commis voyageur en mariages, ce courtier d'unions problématiques, cet adversaire juré du célibat qui touchait une prime par chaque *oui* qu'il faisait prononcer en face du maire, cet apparieur de mâles bien bâtis et de femelles contrefaites, n'empêcha pas toutefois l'esprit français de s'exercer aux dépens d'un cabinet de consultations où la question de Dot se montrait nette et sans fard, où la tendresse conjugale, les liens domestiques, la vie de famille, l'union des sexes, l'amour et l'amitié tarifés, se présentaient sous l'apparence de la demoiselle à tête de mort offrant deux millions à celui qui veut l'épouser.

Ce fut comme une parodie en cire du commerce de M. de Foy que Curtius exposa, en 1816, à la porte de sa sinistre baraque. Près de la demoiselle à la tête de mort était le sac contenant ses deux millions de dot ; les curieux regardaient ce spectacle avec une terreur mêlée d'un certain intérêt. Si la personne en cire avait pu s'animer, quelques « gandins » du temps n'eussent pas hésité à faire la bouche en cœur à cette horrible mâchoire. Ne sont-ce pas des sortes de demoiselles à tête de mort que les négociateurs en mariage offrent à leurs clients ?

A défaut des Mémoires du temps attestant la bonne réception faite à Paris aux armées alliées, la caricature confirmerait le fait. L'épuisement produit par les guerres de l'Empire était tel que les envahisseurs furent regardés comme apportant la ligature nécessaire à l'hémorragie de sang et de richesses qui épuisait la France. Si un certain nombre de patriotes se retirèrent à l'écart pour cacher leurs larmes d'indignation, la population parisienne considérable, qui remplissait alors les Galeries de bois du Palais-Royal de l'étalage de ses vices, fit fête aux alliés, et la caricature ne vit dans les triomphateurs étrangers que le ridicule de leurs costumes, de leur langage.

LES INVISIBLES EN TÊTE-A-TÊTE.

(D'après une image en couleur.)

Les amours faciles qu'Allemands, Russes, Anglais poursuivaient dans Paris furent surtout le thème des images plaisantes de l'époque. On en aura un échantillon par les feux que font naître les dames en robes à fourreaux dans le cœur d'un Russe et d'un Cosaque : ridicules de surface, les mêmes d'ailleurs qu'à raison on nous prête à l'étranger, et qui ne caractériseraient que médiocrement l'invasion si une planche n'avait son accent.

Un féroce pandour, une longue pique à la main, s'élance comme la personnification dévastatrice de la Guerre représentée par son cheval dont les lignes sont formées de cadavres entrelacés d'hommes, de femmes et d'enfants. Je n'ose affirmer que cette image soit la seule note patriotique contre l'invasion ; elle est bien rare parmi les productions satiriques du temps.

Le patriotisme ou chauvinisme ne se manifesta que plus tard, alors que la vulgarisation de la lithographie poussa Horace Vernet et Charlet à s'apitoyer sur le sort des anciens soldats licenciés. En joignant Béranger à ces deux noms, une ligue se forma contre la Restauration qui mit les opposants en vue, les porta, les soutint et éleva quelques-uns bien au-dessus de leur valeur. L'enthousiasme pour les personnages militants de cette époque resta si longtemps excessif que le plus grand peintre de l'école moderne, le plus délicat, le plus distingué, Eugène Delacroix, chantait trente ans plus tard un hosannah[1] en l'honneur d'un dessinateur besoigneux, d'un esprit trivial, qui abusait des facilités de la pierre lithographique pour y pondre soldats et enfants. Charlet a tenu une place considérable sous la Restauration, soutenu par la rancune des libéraux et des bonapartistes. Nous ne sommes plus sous l'impression des mêmes courants, et si le crayonnage facile d'un homme qui avait de nombreux enthousiastes répond encore par une sorte de tradition à l'admiration de quelques-uns, il est un écrivain qui, sans crainte de froisser l'opinion, a singulièrement dédoré les rayons de cette couronne[2].

Les modes de cette même époque sont plus intéressantes et tiennent une grande place : elles sont toutefois si bizarres qu'en feuilletant les journaux de M. de la Mésangère, on cherche si ce ne sont pas des caricatures, de même qu'en regardant des caricatures on se demande si elles ne sont pas l'expression la plus parfaite du goût des fem-

---

1. *Revue des Deux Mondes*, 1862. Delacroix avoue toutefois que « l'esprit de parti, l'opposition politique étaient venus en aide à la popularité de Charlet au moment où il avait débuté. »
2. Voir Baudelaire, au chapitre déjà cité.

LE DANGER DES MONTAGNES RUSSES.

(D'après une image en couleur — 1816.)

mes en matière de toilette. Les chapeaux y jouent un rôle considérable, la femme cherchant habituellement par quelles adjonctions grotesques elle peut gâter sa physionomie.

Dans les éphémérides de la parodie, l'importation en France des *Montagnes russes,* chères à nos pères, tient une certaine place. Les « dandies » de sang-froid y étalaient leurs grâces ; les timides et les nerveux, pour ne pas affronter le danger en face, s'engouffraient sous les jupons des dames. Mélange plein d'intérêt de Carle Vernet et de Paul de Kock.

De 1821 à 1827 éclate la guerre déclarée par les classiques aux romantiques ; les caricatures pleuvent à la fois sur Chateaubriand et le vicomte d'Arlincourt, sur Lamartine et Victor Hugo. On ne peut indiquer qu'en passant ce mouvement intellectuel, intéressant et bizarre.

De même pour la Girafe qui devint, peu après son arrivée, la personnification de Charles X.

L'invention des omnibus, en 1828, fournit son contingent de plaisanteries, et enfin l'Expédition d'Alger clôt la série. La conquête du territoire africain, le renversement du trône se fondent ensemble et déterminent la publication d'un grand nombre d'images à prétentions plaisantes. L'esprit et la distinction s'y font remarquer par leur absence.

« Il faut, pour le mérite de la caricature, disait Joubert, qu'elle soit traitée par un homme qui a en lui le type du beau, et qui y pense en s'écartant. »

Cette pensée m'est souvent revenue à l'esprit pendant que j'écrivais ce livre. Peu de dessinateurs l'ont méditée.

Cramponnés aux événements du moment comme les mollusques aux flancs d'un vieux navire, certains caricaturistes n'ont guère plus conscience des conséquences politiques que les coquillages de la forme du vaisseau.

Ces images, qui, à leur apparition, ont distrait une seconde les yeux des désœuvrés, ne donnent réellement à penser que du jour où à leur rareté se joint le glacis du passé.

Esclaves des rancunes du jour, dénigreurs systématiques, à l'affût des bruits mensongers de la journée, aussi cruels que des enfants martyrisant une mouche, cherchant une grimace quelconque pour en tirer parti, la plupart des caricaturistes ne s'aperçoivent pas que le masque qu'ils s'attachent est enduit de fiel. Ils ignorent que la puissance comique gît, non dans un rire permanent, mais dans une profonde pénétration de l'homme.

L'archaïque farce de *Monsieur de Pourceaugnac*

serait-elle restée au théâtre si elle n'avait été suivie de la comédie du *Misanthrope*?

Il faut qu'une âme délicate soit froissée par les injustices des hommes pour que la satire naisse en elle. Alors, éprise de beauté, cette âme meurtrie se relève et s'arme contre la laideur. Et c'est ainsi que l'entendait le moraliste Joubert, dont la pensée gagne à être condensée: « *Il faut, pour le mérite de la caricature, qu'elle soit traitée par un homme qui ait en lui le type du beau.* »

LA VACCINE.

TABLE DES CHAPITRES.

                                                              Pages.

CHAPITRE I.   Le tiers état avant 1789.   1

—   II.   Le tiers. 1787-1789.   23

—   III.   La prise de la Bastille et le patriote Palloy.   34

—   IV.   Le tiers état (suite).   50

—   V.   Le duc d'Orléans. — Le veto. — Sieyès.   68

—   VI.   Camille Desmoulins, instigateur de caricatures.   81

—   VII.   Les royalistes se défendent à coups de caricatures.   94

—   VIII.   Les prêtres. — Les moines.   112

—   IX.   Les parlements.   140

—   X.   Les émigrés.   156

—   XI.   Le premier historien de la caricature en France.   170

		Pages.
Chapitre XII.	Le roi. — La reine.	194
— XIII.	Villeneuve le graveur	211
— XIV.	Les hommes en vue. — Robespierre et Marat.	222
— XV.	La révolution jugée par Gillray et Rowlandson.	237
— XVI.	1793. — La fin du siècle.	261
— XVII.	Caractère de joyeuseté particulier aux époques révolutionnaires.	281
— XVIII.	Bonapàrte. — Napoléon.	291
— XIX.	L'ordre de la Girouette. — Talleyrand, Cambacérès.	308
— XX.	L'ordre de l'Éteignoir.	331
— XXI.	Découvertes. — Modes. — Plaisirs. — 1800-1830.	342

TABLE DES GRAVURES

	Pag.
FRONTISPICE EN COULEUR.	
Assemblée des notables, le 22 février 1787	5
Générosité revue et corrigée de l'Assemblée constituante.	9
D'après une image en couleur.	15
Portraits des Impartiaux, des Modérés, etc., d'après *les Révolutions de France et de Brabant*.	21
J'attends l'événement pour me décider. D'après une gravure à la manière noire.	22
Jeu de quilles.	25
Les trois ordres de France, 1789.	29
Nous mangeons l'œuf ensemble, et la poule bientôt désormais doit bouillir pour nous dans chaque pot.	31
D'après une gravure coloriée sans légende.	33
La Bastille.	39
D'après une estampe sur cuivre portant la désignation : « Fait chez Palloy ».	45
Portrait de Palloy, d'après une gravure du temps.	49

	Pag.
Bon, nous voilà d'accord. D'après un bois de la fabrique de Letourmy, à Orléans.	51
Vignette symbolique du Tiers.	57
Le pressoir. D'après une gravure coloriée.	59
Tôt tôt tôt. Battez chaud, etc. D'après une image en couleur.	63
Tout irait bien, si tout le monde riait comme moi.	67
Emmanuel-Joseph Sieyès, d'après une gravure au burin.	71
Philippe pique, d'après une estampe à la manière noire.	78
Le calculateur patriote, d'après une estampe à la manière noire.	80
Mirabeau Tonneau, d'après une vignette du journal de Desmoulins.	84
Fac-simile d'une gravure de Dusaulchoy, rédacteur des *Révolutions de France de Brabant*.	89
Mirabeau cadet.	93

TABLE DES GRAVURES.

Pag.

Cette fois-ci la justice est du côté du plus fort. D'après une estampe coloriée... 97

Chute prochaine de la fille à Target. D'après une gravure en bistre de la collection publiée par le libraire Weber, au Palais-Royal.. 105

L'abbé Maury se réfugiant à Péronne. D'après une image coloriée.......... 111

Nouvelle synagogue de l'ancien curé de Saint-Sulpice, d'après une eau-forte de la collection Liesville... 115

Voilà le mot. D'après une estampe en couleur.... 118

Pompe funèbre du très-haut, très-puissant et très-magnifique seigneur, le clergé de France......... 119

Évêques et archevêques excommuniés. D'après une image en couleur..... 123

Étrennes au clergé. D'après une image coloriée..... 127

Mariage des religieux.... 131

Les moines apprenant à faire l'exercice. D'après une image coloriée...... 135

Fac-similé d'un dessin à la plume de Pérignon fils.. 139

Le voyageur ou les échasses, d'après une estampe en couleur........... 141

Le 13 avril 1790, deux diables volants. D'après une image en couleur..... 145

Fesse-Mathieu. D'après une gravure à la manière noire. 148

Confrères, quel doit être notre sor? Pouvons-nous échap-

Pag.

per à la lanterne et à cette affreuse tempête? D'après une gravure coloriée... 151

Mounier, d'après une vignette des *Révolutions de France et de Brabant*... 157

Signalement des chouans et autres contre-révolutionnaires, d'après une eau-forte. 159

Ouf! d'après une vignette allemande............ 165

Les émigrés......... 167

L'enjambée impériale.... 175

Rien n'est plus certain, ils filent leurs cordes. D'après une estampe coloriée... 183

Les coups de rabot. D'après une gravure à la manière noire............ 187

Boyer-Brun, d'après un portrait au physionotrace... 193

La monarchie française limitée. La démocratie française illimitée. D'après une estampe anglaise...... 197

Le gourmand......... 203

Les animaux rares ou la translation de la famille royale au Temple......... 207

Ventre-Saint-Gris, où donc est mon petit-fils Louis? D'après une image en couleur........... 210

Il faut espérer que ce jeu-là finira bientôt. D'après une esquisse coloriée...... 215

Figure allégorique de la République. D'après Prudhon. 219

Cul-de-lampe, d'après Prudhon............. 221

La balance des abus..... 229

La marmite épuratoire des

TABLE DES GRAVURES.

	Pag.
Jacobins. D'après une image en couleur.	228
Le nouveau calvaire.	231
Bailly, d'après une image en couleur.	236
Un petit souper à la parisienne, d'après une eau-forte de 1792, de Gillray.	241
John Bull et la flotte de l'expédition d'Égypte. D'après Gillray.	249
Napoléon et la Mort. D'après une estampe de Rowlandson	257
George III et Bonaparte. D'après Gillray.	260
Le traité de paix avec Rome, 1797.	264
Tiens bien ton bonnet. — Et toi, défends ta queue.	265
Champignons républicains.	269
Contribution féminine pour la conservation de la patrie et la préservation de Bonaparte. D'après une image anglaise de 1798.	273
Le temps passé.	277
Le temps présent.	280
Ouf! qu'il fait chaud! D'après une gravure en couleur.	283
Amateurs exécutant une courante. D'après une image en couleur.	287
Le Consulat.	293

	Pag.
Le général Bonaparte. D'après Gillray.	297
Napoléon et les souverains, d'après une gravure anglaise en couleur de 1813.	299
Napoléon et le destin.	305
Napoléon découpant l'Europe en tranches, d'après Gillray.	307
L'homme aux six têtes. D'après une caricature du *Nain jaune*.	311
Talleyrand, d'après un croquis d'Honoré Daumier.	319
Promenade au Palais-Royal. D'après une gravure en couleur.	327
M. Tout-à-tous. D'après une image en couleur.	330
Vite, soufflons, éteignons les lumières. D'après une gravure du journal *la Minerve*.	333
Famille des éteignoirs. D'après une lithographie en couleur.	339
Les Russes à Paris. D'après une estampe en couleur.	344
Les Invisibles en tête-à-tête. D'après une image en couleur.	349
Le danger des montagnes russes. D'après une image en couleur, 1816.	352
La vaccine.	357

PARIS. — Impr. J. CLAYE. — A. QUANTIN et Cⁱᵉ, rue St-Benoît (2272)

Librairie E. DENTU, Galerie d'Orléans, Palais-Royal

HISTOIRE
DE LA
CARICATURE ANTIQUE
Par CHAMPFLEURY

2ᵉ édition. — 1 vol. grand in-18, illustré de 100 gravures. — Prix : 5 fr.

M. François Lenormant, dans *le Correspondant*, parle « du zèle et des soins scrupuleux avec lesquels M. Champfleury a colligé tous les monuments connus jusqu'à ce jour de l'art caricatural des anciens; des observations fines et ingénieuses dont le texte est rempli et auxquelles d'excellentes figures intercalées presque à chaque page donnent un intérêt de plus. »

L'éditeur ne peut mieux donner une idée des améliorations apportées à l'*Histoire de la caricature antique* que par un détail :

La première édition contenait 248 pages et 62 gravures.
La seconde édition contient 332 pages et 100 gravures.

Librairie E. DENTU, Galerie d'Orléans, Palais-Royal

HISTOIRE
DE LA
CARICATURE AU MOYEN AGE
ET SOUS LA RENAISSANCE
PAR
CHAMPFLEURY

Deuxième édition — 1 vol. grand in-18; illustré de 144 vignettes
Prix : 5 fr.

Elle était considérable la besogne d'élucidation des motifs troublants de la décoration des édifices religieux et civils au moyen âge et sous la Renaissance; aussi l'architecte le plus éminent en ces questions, M. Viollet-le-Duc, donnait-il dans une Revue spéciale une étude trop développée des travaux de M. Champfleury pour pouvoir être citée ici.

Ayant rempli gravement sa difficile mission, l'auteur appelait ainsi l'attention des savants et des érudits. S'il détruit un certain nombre de préjugés, s'il combat tant d'opinions traditionnelles, l'auteur de *la Caricature au moyen âge* ne se présente qu'avec des preuves gravées, et n'est-ce pas à M. Champfleury qu'on doit la découverte du véritable auteur des figures satiriques attribuées jusqu'ici à Rabelais par les commentateurs?

Librairie E. DENTU, Galerie d'Orléans, Palais-Royal

Pour paraître en 1877 :

HISTOIRE
DE LA CARICATURE

sous

LA RÉFORME, LA LIGUE

par

CHAMPFLEURY

1 vol. grand in-18, avec de nombreuses gravures

Dernier et cinquième volume de l'HISTOIRE DE LA CARICATURE, dont la publication a été commencée il y a plus de dix ans.

Librairie E. DENTU, Galerie d'Orléans, Palais-Royal

HISTOIRE
DE LA
CARICATURE MODERNE
Par CHAMPFLEURY

2ᵉ édition. — 1 vol. grand in-18, illustré de 118 vignettes.

Prix : 5 fr.

« Ce livre est la suite et le complément du livre sur *la Caricature antique*. La lacune qu'il avait à combler dans l'esthétique est énorme, et c'est un véritable acte de courage que d'avoir tenté et mené à bien une série d'études sur des matières aussi délicates. Académies et clubs, gens sérieux et esprits futiles, fonctionnaires et bohèmes, politique et religion, tout est du domaine du caricaturiste.... M. Champfleury a particulièrement étudié les types du *Robert Macaire*, d'Honoré Daumier; du *Mayeux*, de Traviès; du *Joseph Prudhomme*, d'Henry Monnier. Il y a, distribués dans le texte, une quantité considérable de clichés des meilleurs croquis de ces artistes, gravés dans leur meilleur temps par leurs meilleurs graveurs. » (PH. BURTY, *Chronique des arts*.)

La première édition contenait 86 vignettes ;
La seconde édition est ornée de 118 vignettes et d'un frontispice en couleur.

Librairie E. DENTU, Galerie d'Orléans, Palais-Royal

HISTOIRE
DES
FAÏENCES PATRIOTIQUES
SOUS LA RÉVOLUTION
PAR
CHAMPFLEURY

Troisième édition avec 100 gravures et marques nouvelles
1 vol. in-18 — 5 fr.

Ce livre, plein d'indépendance et à travers duquel souffle un vent de liberté républicaine, se rattache à la série d'art populaire sous toutes ses formes, que recherche M. Champfleury avec patience. Ce que le peuple chantait, le sentiment de croyance auquel il obéissait, les révoltes qu'il traduisait par un burin satirique, ses aspirations à l'égalité et à la fraternité, se retrouvent dans les diverses publications du même auteur, mais non pas affirmés et exprimés aussi nettement que dans l'*Histoire des faïences patriotiques*. C'est pourquoi, en présence du grand succès de cet ouvrage, l'auteur a apporté à chaque édition les soins qui lui sont habituels pour répondre de son mieux aux encouragements du public.

Librairie E. DENTU, Galerie d'Orléans, Palais-Royal

HISTOIRE
DE
L'IMAGERIE POPULAIRE
Par CHAMPFLEURY

1 volume grand in-18, illustré de 33 gravures. — Prix : 5 francs

SOMMAIRE DES PRINCIPAUX CHAPITRES

Le Juif-Errant. — Histoire du bonhomme Misère. — Crédit est mort. — La Farce des bossus. — Lustucru. — Le Moine ressuscité. — La Danse des morts en 1849. —, L'Imagerie de l'avenir.

« Toutes les éditions populaires de la légende donnent des portraits du Juif-Errant d'après un même modèle. Il serait digne d'un artiste et d'un antiquaire de remonter à la source et d'en découvrir l'auteur, » disait M. Ch. Nisard.

C'est ce qu'a fait M. Champfleury développant l'idée et cherchant en Flandre, en Allemagne, en Angleterre et en Norwége, les ramifications des anciennes images populaires.

MÊME SÉRIE (EN PRÉPARATION)

Chants, légendes et traditions populaires de la France,
2 vol. in-18, illustrés.

Librairie E. DENTU, Galerie d'Orléans, Palais-Royal

CHAMPFLEURY

SOUVENIRS ET PORTRAITS

DE JEUNESSE

— 2ᵐᵉ Édition —

Un volume in-18 — 3 fr. 50

Masques et travestissements.
Henry Murger —
Paysages et horizons — Comédiens de province.
Courbet — La ville des flûtes.
Le billard de la citadelle de Laon — Baudelaire —
Aventures d'un agent de police.
La Bohème — Bonvin — Amourettes — Brumes et rosées.
Notes intimes.
Proudhon — Veuillot — Victor Hugo — Sainte-Beuve.

Librairie E. DENTU, Galerie d'Orléans, Palais-Royal

CHAMPFLEURY

CONTES DE BONNE HUMEUR

LE SECRET DE M. LADUREAU

2ᵉ édition. 1 volume grand in-18 . . . . 3 fr.

LA PETITE ROSE

1 volume grand in-18 . . . . 3 fr.

SURTOUT, N'OUBLIE PAS TON PARAPLUIE
(Sous presse)

1 volume grand in-18.

DU MÊME AUTEUR:

L'HOTEL DES COMMISSAIRES-PRISEURS

1 volume grand in-18 . . . . 3 fr.

L'AVOCAT TROUBLE-MÉNAGE

2ᵉ édition. 1 volume grand in-18 . . . . 3 fr.

PARIS. — Impr. J. CLAYE. — A. QUANTIN et Cⁱᵉ, rue St-Benoît. — [2272]

www.ingramcontent.com/pod-product-compliance
Lightning Source LLC
Chambersburg PA
CBHW050545170426
43201CB00011B/1571